Beck'sche Reihe
BsR 418

Von der Unterordnung der Frau unter die Schwiegereltern und den Ehemann in der Feudalzeit bis zu dem kämpferischen Aufruf „Wenn wir uns nicht wandeln, werden wir niemals die Übel der Tyrannei der Familie überwinden“ in der Zeitschrift „kokumin no tomo“ 1893 hat die japanische Gesellschaft und Familie tiefgreifende Veränderungen erfahren. Diesen Weg von der Edo-Zeit über die Meiji-Restauration, durch Kriegs- und Nachkriegsjahre bis in die Gegenwart schildert die in Japan lebende Autorin. Vor dem Leser entsteht ein anschauliches Bild der Entwicklung von Familie und Gesellschaft in einem von Tradition, Emanzipation und westlichem Einfluß geprägten Land.

Margret Neuss-Kaneko studierte Japanologie, Sinologie und Soziologie in Hamburg. Thema ihrer Dissertation: „Die Seitōsha – der Ausgangspunkt der japanischen Frauenbewegung in seinen zeitgeschichtlichen und sozialen Bedingungen“. Von 1975–1982 Professorin für Japanologie an der Philipps-Universität in Marburg, lebt die Autorin jetzt als freie Wissenschaftlerin in Japan mit Arbeitsschwerpunkt Geschichte der japanischen Frau und Ideengeschichte des modernen Japan.

MARGRET NEUSS-KANEKO

Familie und Gesellschaft in Japan

Von der Feudalzeit bis in die Gegenwart

VERLAG C.H.BECK MÜNCHEN

Mit 10 Abbildungen

Meiner Mutter
Senta Neuss

CIP-Titelaufnahme der Deutschen Bibliothek

Neuss-Kaneko, Margret:
Familie und Gesellschaft in Japan : von der Feudalzeit bis in die Gegenwart / Margret Neuss-Kaneko. – Orig.-Ausg. – München : Beck, 1990
(Beck'sche Reihe ; 418)
ISBN 3-406-34010-5

NE: GT

Originalausgabe
ISBN 3 406 34010 5

Einbandentwurf von Uwe Göbel, München
Umschlagbild: Süddeutscher Verlag, München

Gesamtherstellung: Appl, Wemding
Printed in Germany

Inhalt

Hinweis
Die japanischen Namen erscheinen in der in Japan gebräuchlichen Reihenfolge: zuerst der Familienname, dann der Vorname.

Vorwort

Japaner behaupten von sich, eine „Dorf-Mentalität" zu besitzen und wenig aufgeschlossen und sozial zu sein. Dies ist jedoch nur die eine Seite der Medaille. Zumindest von der japanischen Familie ist zu sagen, daß sie offen und geschlossen zugleich ist. Dies soll kurz an einer persönlichen Erfahrung illustriert werden:

Nachdem ich im September 1967 während meines ersten Japanaufenthalts in die Familie einer japanischen Freundin gezogen war, um dort ein Zimmer zu mieten, kam eines Abends die Rede darauf, wie ich die Eltern des Hauses anreden solle. Das einfache Suffix -san (Herr ..., Frau ...) schien nicht angebracht, denn dies ist die Anrede für Jedermann, so auch für Freunde und Bekannte, ohne daß dabei nach Geschlecht, Alter oder sonstiger Hierarchie unterschieden wird. Man schlug mir vor, „otoo-san, okaa-san" (höfliche Anrede für „Vater" und „Mutter") zu sagen, was mir jedoch als Nicht-Verwandte anmaßend erschien. Wir einigten uns auf die völlig unübliche Kompromißform „mistā" und „missis O.", denn daran waren beide von ihrem Großbritannienaufenthalt gewöhnt.

Ich ahnte damals nicht, daß ich auf eines der wichtigsten Merkmale der japanischen Familie getroffen war, in dem sie sich von den Familien vieler anderer Länder unterscheidet: Wer zusammen unter einem Dach wohnt, gehört zur Familie und ist berechtigt, verwandtschaftliche Namen zu benutzen und behandelt zu werden wie jeder andere. Aus meiner Reserve heraus blieb ich bis auf den heutigen Tag für die Familie O. „Neuss-san", was jedoch nichts an der Tatsache änderte, daß ich nicht bloß wie ein fremder Gast, sondern wie eine weitere Tochter aufgenommen wurde und mich zu Hause fühlte wie im eigenen Elternhaus.

Andererseits war ich schockiert von dem Bild, das die japanische Familie nach außen bot. Die Grundstücke der Einfamilienhäuser in Tokyo waren alle mit einer hohen Stein- oder Betonmauer umgeben, die jeden Blick in das Innere eines Hauses hermetisch abschnitten, während sie die Schritte des Vorübergehenden dumpf widerhallen ließen. Ich konnte diese Abgeschlossenheit schwer in Einklang bringen mit der Offenheit, die mir in meiner Familie aber auch anderswo entgegengebracht wurde.

Tatsächlich sind jedoch beide Erfahrungen symptomatisch für die heutige Stadtfamilie in Japan. Anders als in China, wo die patrilineare Blutsverwandtschaft jegliche Beziehung in der Familie bestimmt und allein die Tatsache der Verwandtschaft Schutz garantiert, ist die japanische Familie von alters her nicht auf die Blutsverwandtschaft fixiert, sondern kann jeden aufnehmen, vorausgesetzt er wohnt und arbeitet mit unter einem Dach. Nach außen hin sind allerdings die japanische wie die chinesische Familie exklusiv. Ich stellte mit Verwunderung fest, daß die Familie O., die mich so freimütig aufgenommen hatte, außer zu ihren Verwandten keinerlei soziale Kontakte in der näheren Umgebung besaß. Auch nach zwanzig Jahren hat sich daran nichts geändert, und wie ich täglich erlebe, ist diese Familie kein Einzelfall.

Diese Gleichzeitigkeit von Aufgeschlossenheit im Innern und Exklusivität gegenüber Außenstehenden gilt bis zu einem gewissen Grad auch für manche andere Kulturen. In Japan, wo sich das gesellige Leben eher außerhalb des Hauses und meist getrennt nach Geschlechtern abspielt, ist sie jedoch von anderer Qualität. Dies hat seine historischen Ursachen, muß aber auch auf dem Hintergrund des modernen Stadtlebens gesehen werden.

Heute, so hat eine Regierungsumfrage im Jahr 1986 festgestellt, sind über neunzig Prozent der Japaner über zwanzig mit ihrem Familienleben „zufrieden“ bzw. „einigermaßen zufrieden“. Die Unzufriedenen kommen nicht einmal auf zehn Prozent. Andererseits berichten die Massenmedien immer wieder von der Krise der japanischen Familie, indem sie auf die Scheidungsrate, die Gewalt von Kindern gegenüber den eigenen Eltern oder gegenüber Gleichaltrigen, die Neurosen und Suizide der Väter auf der Höhe ihres Lebens und die Entfremdung innerhalb der Familie hinweisen. Ein bekannter Psychologe veröffentlichte 1983 ein Buch mit dem Titel „Das Zeitalter der Familie ohne Familienleben" (Okonogi Keigo: Katei no nai kazoku no jidai). Auch Japan scheint demnach nicht von den Krankheitssymptomen der hochindustrialisierten Länder verschont zu sein.

Den westlichen Beobachter, der bisher so viel von der Gruppenloyalität der Japaner und den familialen Bindungen an die Firma oder die Betriebe gehört hat, mag dies verwundern. War nicht der Erfolg auf wirtschaftlich-technologischem Gebiet zum großen Teil auch auf die besonderen zwischenmenschlichen Beziehungen und den Gruppengeist der Japaner zurückgeführt worden? In Japan selbst pflegt man, sieht man einmal von den kritischen Publizisten und Publizistinnen ab, das Bild des gruppengeleiteten Japaners, der schon mit seiner Sozialisation in der Familie zur Anpassung und zum Harmoniedenken erzogen wird.

Das vorliegende Buch liefert keine neue Theorie zur Interpretation des Erfolgsmythos. Es hat sich lediglich zur Aufgabe gestellt, die heutige japanische Familie aus ihrer historischen Entwicklung heraus zu beschreiben. Die zentrale Frage ist also, was ist in und mit der japanischen Familie im Laufe ihrer Geschichte geschehen, das uns Aufschluß gibt über ihren Stellenwert für den einzelnen wie für die Gesellschaft. Wie zu sehen sein wird, muß dabei immer im Auge behalten werden, in welchem Maß die Autonomie der japanischen Familie jeweils von staatlicher Politik bestimmt war, und welche Konsequenzen im Zusammenleben innerhalb der Familie sich daraus ergaben.

Kaum eine andere soziale Gruppierung erscheint so nah und nachvollziehbar wie die Familie, und dennoch ist sie kaum vollständig erfaßt. Dies gilt auch für den vorliegenden Überblick über die japanische Familie seit dem 17. Jahrhundert, dem Beginn des neuzeitlichen und zentralistischen Feudalismus in Japan. Es wurde versucht, so viele Aspekte wie möglich einzubeziehen und Erkenntnisse soziologischer, sozialpsychologischer, anthropologischer und rechtshistorischer Forschungen heranzuziehen, soweit sie zum Verständnis der historischen Familie beitrugen. Dennoch konnten nur Haupttypen und Hauptmerkmale der japanischen Familie dargestellt werden, zumal manche Fragen für die heutige historische Darstellung noch ungeklärt sind und viele regionale und soziale Sonderformen unberücksichtigt bleiben mußten. Zu hoffen ist, daß die Kenntnis von der Vielfalt der japanischen Familie je nach Zeit, Ort und sozialer Schicht vor vereinfachenden Urteilen bewahrt, statt dessen aber die Neugier weckt für Details, die das Leben des einzelnen in der Familie meist entscheidend bestimmen.

Diese Arbeit war nur möglich aufgrund der zahlreichen Forschungen japanischer Wissenschaftler. Da ich sie nicht alle zitieren konnte, möchte ich nur die wichtigsten Namen unter ihnen nennen und auf das Literaturverzeichnis im Anhang verweisen: Arichi Tōru, Emori Itsuo, Fuse Akiko, Ishii Ryōsuke, Ishida Takeshi, Kamata Hiroshi, Ōtake Hideo, Toshitani Nobuyoshi, Yūzawa Yasuhiko.

Professor Toshitani N. bin ich für die Klärung mancher juristischer Fragen zu Dank verpflichtet. Für die Fehler, die mir bei der Zusammenstellung der Fakten unterlaufen sein mögen, bin jedoch ich allein verantwortlich. Dr. Barbara Yoshida-Krafft bin ich für die Durchsicht des Manuskripts und wertvolle sachliche Hinweise, Sabine Mangold für stilistische Korrekturen dankbar, nicht zuletzt aber dem Verlag Beck, der der unerwartet langen Entstehungszeit des Manuskripts mit Freundlichkeit und Geduld begegnet ist.

I. Die Familie unter dem Diktat der Ahnen (1603–1868)

1. ‚Haus' und Kleinfamilie im Ständesystem der Tokugawa-Zeit (1603–1868)

Die Familie der Tokugawa-Zeit stellt in zweierlei Hinsicht den Prototyp der modernen japanischen Familie dar: Einerseits hatte sich in der Oberschicht der Tokugawa-Gesellschaft in Gestalt des ‚ie' (Haus, Haushalt) ein Familientyp entwikkelt, der bis in das 20. Jahrhundert hinein die Norm für das Selbstverständnis von „Familie" bildete, andererseits war in den übrigen Schichten der arbeitenden Bevölkerung mit Familien, bestehend aus nur fünf bis sechs Personen, die Kleinfamilie aufgekommen, die bis in die Mitte des 20. Jahrhunderts vorherrschend bleiben sollte. Dies bedeutet nicht, daß sich über die Jahrhunderte seit Beginn der Tokugawa-Zeit im Selbstverständnis und in der Zusammensetzung der Familie nichts geändert hat, sondern vielmehr, daß die Grundtendenzen in der Entwicklung zur modernen japanischen Familie nicht erst, wie vielfach angenommen, mit der Industrialisierung seit Ende des 19. Jahrhunderts aufkamen. Nach dem Zweiten Weltkrieg ist mit der Herausbildung der Kernfamilie aus Ehepaar und Kindern und einem individualistischen Selbstverständnis ein neuer Grundtyp entstanden, der dem anderer fortgeschrittener Industrienationen verwandt ist.

Das Haus, ‚ie' (sprich: i-e), das sich in der Kriegerschicht der samurai beziehungsweise bushi schon vor der Tokugawa-Zeit herausbildete, hat mit dem „ganzen Haus" im Deutschland des ausgehenden Mittelalters vieles gemein. Es ist Produktionsstätte und Lebensraum in einem, seine Mitglieder sind dem Hausvorstand hierarchisch untergeordnet, und es kann neben Blutsverwandten auch Nichtverwandte umfassen.

Im japanischen ie hat der Hausvorstand die Pflicht, die Genealogie der Ahnen und damit die Kontinuität des Hauses durch einen leiblichen oder auch adoptierten Erben sicherzustellen, der den Namen des Hauses weiterführt. Diese Rückführung aller Familienmitglieder auf gemeinsame Ahnen und die Weiterführung des Namens spielen auch heute noch in den Familien eine große Rolle, wo ein starkes ie-Bewußtsein vorhanden ist.

Auch die Kleinfamilie aus drei Generationen – Eltern, Kinder, Großeltern oder Geschwister der Eltern – gibt es nicht erstmals in der Tokugawa-Zeit, sondern man kennt sie schon in der Kamakura- und Muromachi-Zeit (1185–1333 und 1334–1568), als sich aus den komplexen Familien der Landbesitzer (myōshu) Verwandte der Seitenlinie oder Bedienstete unabhängig machten. Zur dominierenden Form wurde die Kleinfamilie im Volk aber in der Tokugawa-Zeit. Da nun die abhängig arbeitenden Bevölkerungskreise wie zum Beispiel das Gesinde nicht mehr wie bisher auch nach der Heirat getrennt bei ihren jeweiligen Arbeitgebern lebten und die Kinder nicht mehr je nach Geschlecht getrennt bei der Mutter oder dem Vater aufwuchsen, datieren manche japanische Forscher im Hinblick auf das Volk die Entstehung der „Familie" als einer Gruppe aus Blutsverwandten überhaupt erst in die Tokugawa-Zeit.[1]

Die Tokugawa-Gesellschaft war streng ständisch gegliedert, und so wird auch im folgenden die Familie getrennt nach den jeweiligen Ständen dargestellt. Ein kurzer Einblick in das politisch-soziale System, das sich grundlegend von der vorausgegangenen mittelalterlichen Periode unterscheidet, soll das gesellschaftliche Umfeld der Familie beleuchten.

Als nach etwa einem Jahrhundert heftiger innerer Wirren Anfang des 17. Jahrhunderts das Haus Tokugawa siegreich aus den Kämpfen um die Vorherrschaft im Land hervorgegangen war, stand es vor der Aufgabe, das Land zu einigen und die eigene Position zu festigen. Während das Kaiserhaus in Kyōto zu einem Schattendasein verurteilt war, errichtete Tokugawa Ieyasu als erster Shōgun seine Regierung (bakufu) in

Ostjapan, in Edo, dem heutigen Tōkyō und verteilte das Lehen der übrigen Landesfürsten (daimyō) so, daß diese kaum mehr in der Lage waren, wie bisher durch Koalitionen untereinander die Macht der Zentralregierung zu gefährden. Die daimyō verfügten zwar in ihren Lehnsgebieten (han) über wirtschaftliche und rechtliche Autonomie, unterstanden aber der zentralen Kontrolle der bakufu-Regierung. Sie waren verpflichtet, sich jedes zweite Jahr in Edo aufzuhalten und bei der Rückkehr in das Lehnsgebiet die Familie in Edo zurückzulassen. Sie waren zwar der bakufu-Regierung gegenüber nicht steuerpflichtig, mußten sich jedoch an größeren Bauunternehmungen wie Straßen, Brücken, Schlössern finanziell und personell beteiligen. Alle diese Maßnahmen beeinträchtigten ihre Position – aber sie förderten den Ausbau des Verkehrswesen, belebten den Handel und trugen somit indirekt schließlich zur Schwächung des von der Tokugawa-Regierung errichteten zentralistischen, starren Feudalsystems bei.

Die Tokugawa-Regierung bemühte sich nach den turbulenten Zeiten des 15. und 16. Jahrhunderts um ein dauerhaftes Einkommen und vor allem stabile Verhältnisse in der Gesellschaft. Schon Ende des 16. Jahrhunderts war durch mehrfache „Waffenjagden", Konfiszierungen der Waffen im Volk, eine Trennung zwischen dem einfachen Volk und dem Kriegerstand in die Wege geleitet worden. Nun aber wurde sie institutionalisiert, indem nach vier Berufsständen – Krieger, Bauern, Handwerker und Kaufleute – unterschieden und ein Wechsel zwischen den Ständen durch Heirat oder Berufswahl untersagt wurde.[2] Die Lebensweise der jeweiligen Stände war bis hin zu Maßgaben über die Kleidung, den Hausbau und die Eßgewohnheiten vorgeschrieben. Die eigentliche soziale Trennung bestand jedoch nicht zwischen den von oben oktroyierten vier Ständen, sondern zwischen der herrschenden Kriegerschicht, den samurai, und den produzierenden Schichten, dem Volk. Die Bauern nahmen formal den obersten Rang unter den Kriegern ein, da sie aus konfuzianischer Sicht die Basis des staatlichen Systems bildeten. Alles Handeln mit Geld wurde dagegen traditionell als nicht produktiv und deshalb verwerflich angesehen. Das konnte jedoch nicht verhindern, daß mit der Ausbreitung des Warenverkehrs und der Geldwirtschaft enge Kontakte und ein Austausch zwischen den produzierenden Schichten entstanden und daß auch innerhalb dieser Schichten Armut und Reichtum nicht in starren Grenzen festgelegt waren. Die Trennung von Kriegerstand und Volk manifestierte sich räumlich darin, daß der überwiegende Teil der samurai, der sein Lehen nicht in Form von Land, sondern von Reisstipendien erhielt, in den Burgstädten unterhalb der Residenz des Landesfürsten lebte, wo anstelle von Kriegsdiensten Verwaltungsaufgaben zu erfüllen waren. Um diese samurai-Beamten und -Konsumenten scharten sich in den Städten die Kaufleute und Handwerker.

Die Bauern, die das Einkommen der herrschenden Schicht, der samurai, zu erwirtschaften hatten, waren die eigentlich Ausgebeuteten dieser Gesellschaft. Noch gegen Ende der Tokugawa-Zeit machten sie 84 Prozent der Bevölkerung aus, gegenüber 6 Prozent samurai. Mit der Einsetzung des Dorfes (mura) als unterster Verwaltungseinheit waren die Strukturen auf dem Land neu geregelt worden. Nicht mehr der einzelne, sondern das Dorf insgesamt hatte die Reisabgaben und Arbeitsdienste zu leisten. Letztere stellten die geringere Belastung dar; den größten Teil machten die Reisabgaben aus, die ohne Rücksicht auf Wetter- und Naturbedingungen veranlagt wurden und in eigener Kompetenz aufgeteilt werden mußten. Die Neustrukturierung auf dem Land trennte die Bauern in eine Gruppe, die Land und Haus besaßen – die honbyakushō –, und in eine zweite, die das Land anderer bebauten oder in Pacht nahmen – die mizunomi –, die nicht berechtigt waren, an der Politik und Selbstverwaltung des Dorfes teilzunehmen. Diese Einteilung in „Habende“ und „Nicht-Habende“ wurde jedoch durchkreuzt von alten, historisch gewachsenen Hierarchien, die auf ererbtem Status oder Namen beruhten. Auf bakufu-Verordnung waren die Dörfer angewiesen, sogenannte „Fünfergruppen“ (goningumi) aus fünf benachbarten Häusern zu bilden. In einer Art Polizeifunktion hatten sie ursprünglich die Aufgabe, Christen oder potentielle politische Aufrührer ausfindig zu machen und jeglichen personellen Wechsel in einem der fünf Häuser zu überwachen und zu melden. Nicht selten erwiesen sie sich jedoch eher als Selbstschutzorganisation, besonders in Zeiten wirtschaftlicher Not.

Die städtische Bürgerschicht (chōnin) aus Handwerkern und Kaufleuten war zunächst am wenigsten von den neuen gesetzlichen Maßnahmen betroffen. Als sie jedoch zu immer mehr Wohlstand gelangte und die samurai in ihrem Lebensstil zu übertreffen begann, versuchte die Regierung, sie durch Einrichten öffentlicher Gilden und durch einschränkende Erlasse hinsichtlich des Lebenswandels in ihrem Handeln zu reglementieren. Dies konnte aber nicht verhindern, daß die chōnin neben der technologischen Entwicklung in der Landwirtschaft zum Träger wurden für die dynamische Wirtschaftsentwicklung dieser Zeit und für eine neue lebendige Stadtkultur.

Da sich die Tokugawa-Regierung auf kein heiliges oder kaiserliches Mandat berufen konnte, bediente sie sich zur Legitimierung ihrer Macht der konfuzianischen Lehre von Staat und Gesellschaft, die sie dem chinesischen Denker Zhu Zi entlehnte und gleichzeitig auf japanische Verhältnisse abgestimmt modifizierte. Der chinesische Konfuzianismus, der selbst in Reaktion auf eine Zeit politischer und sozialer Unruhen als konservative Ideologie entstanden war, kam dem Bestreben der Tokugawa-Regierung um Stabilität und Ordnung entgegen. In Bezug auf die Familie wird jedoch zu zeigen sein, daß die staatliche Ideologie die historisch gewachsenen Strukturen vor allem auf dem Land nicht verändern konnte. Sie blieb stets eine Ideologie der herrschenden Schicht.

Wirtschaftlich gesehen ist die Tokugawa-Zeit in zwei große Perioden zu untergliedern. Die erste Periode bis zur Wende des 18. Jahrhunderts war von wirtschaftlichem Aufschwung getragen, der hauptsächlich auf Urbarmachung von Neuland und auf technischen und sonstigen Innovationen im Acker- und Naßfeldbau beruhte. Anfang des 18. Jahrhunderts war die Grenze dieses Aufschwungs erreicht. Wirtschaftskrisen und Stagnation in der Produktion gingen einher mit Stagnation im Bevölkerungswachstum. Die zentrale bakufu-Regierung und die regionalen han-Regierungen waren nicht in der Lage, in ihrer Finanzpolitik mit der wirtschaftlichen Entwicklung Schritt zu halten. Sie versuchten, die wiederholten Finanzkrisen zu überwinden, indem sie die Abgabenlast der Bauern erhöhten oder die Renten der samurai beliehen. Dies entfremdete die samurai nur weiter ihren Lehnsherren und trieb sie in andere Berufe oder in die finanzielle Abhängigkeit von Kaufleuten. Auf dem Land führte es dazu, daß die Kluft zwischen den Landbesitzenden und Landlosen immer größer wurde und daß viele Bauern ihr Land verließen, um entweder neue Felder urbar zu machen oder um in den Städten ein neues Gewerbe zu eröffnen. Einen Spielraum für Innovationen und Experimente in der landwirtschaftlichen Produktion gab es in der zweiten Hälfte der Edo-Zeit nicht mehr. Die Maxime der Herrschenden war: „Man muß die Bauern auspressen wie Sesamöl. Je mehr man preßt, umso mehr kommt heraus.“[3] Aber nicht nur die Steuerlast brachte die Bauern zunehmend in Bedrängnis, hinzu kamen Hungersnöte und Naturkatastrophen. Die steigende Zahl der Bauernaufstände war das augenfälligste Indiz für den wirtschaftlichen Niedergang des Landes.

2. *„Denn die Ehe ist dazu da, Nachkommen zu erzeugen“: die Familie der feudalen Oberschicht*

Die Familie des Hofadels um den Kaiserhof in Kyōto war eingebunden in eine eigene Öffentlichkeit. Alles Handeln hatte mit Rücksicht auf die Stellung des Hauses innerhalb des Hofadels (kuge) zu geschehen. Dies zeigte sich am deutlichsten bei Heiraten, bei denen gewöhnlich familienpolitische Überlegungen die ausschlaggebende Rolle spielten. Die Heiratspartner wurden meist schon im Kindesalter füreinander bestimmt und wuchsen so in ihre von beiden Häusern vereinbarte Ehe hinein. Noch die letzten Kämpfe Ende des 16. Jahrhunderts zwischen den mächtigsten Führern des Landes, Oda Nobunaga, Toyotomi Hideyoshi und Tokugawa Ieyasu, waren begleitet von strategischen Eheschließungen engster Verwandter wie den eigenen Kindern oder den Geschwistern. Genauso konnten aber auch gewaltsame Scheidungen vorkommen. So zwang Toyotomi Hideyoshi, der mit Tokugawa Ieyasu Frieden schließen wollte, seine Schwester, sich von ihrem Mann zu trennen und mit Ieyasu im Alter von dreiundvierzig Jahren eine neue Ehe einzugehen.[4]

Während die Rangordnung im Hofadel hauptsächlich auf Abstammung beruhte, kam bei den samurai die Größe des Lehens hinzu, die je nach militärischen Verdiensten schwanken konnte. Da kriegerische Handlungen in der Tokugawa-Zeit entfielen, wurde das Lehen in Land oder Reisstipendien zu einem mehr oder weniger fixen Einkommen, das jedoch kündbar war, wenn ein Vasall bei seinem Herrn in Ungnade fiel. Dies war Anfang der Tokugawa-Zeit nicht selten der Fall. Prinzipiell mußte bei jedem Erbfall ein neuer Lehnsvertrag mit dem Lehnsherrn abgeschlossen werden; ab 1641 galt jedoch, daß das Lehen automatisch weitervererbt wurde. War kein männlicher Erbe vorhanden, wurde das Lehen eingezogen, was zur Folge hatte, daß die übrigen Familienmitglieder in ihrem sozialen Status absanken und daß die untergebenen samurai herrenlos wurden. Die oberste Pflicht des Hausvorstands einer samurai-Familie war folglich, die Vererbung des Lehens sicherzustellen. Sie war wirtschaftliche Notwendigkeit, wurde aber auch als Pflicht gegenüber den Ahnen betrachtet.

In der Anstellung der samurai in der zivilen Bürokratie und der Abhängigkeit der Familienmitglieder vom Einkommen des Hausvorstands besteht eine gewisse Ähnlichkeit zur Situation der heutigen Angestelltenfamilie. Der Unterschied liegt jedoch in der Größe und den Funktionen einer samurai-Familie. Hierin ähnelt sie eher einer großbürgerlichen Familie Europas im 19. oder 20. Jahrhundert. Abgesehen von den unteren samurai dürfte die aus Verwandten, Dienstpersonal und gegebenenfalls abhängigen Vasallen bestehende samurai-Familie durchschnittlich eine komplexe Haushaltsfamilie dargestellt haben. Je größer und traditionsreicher das Haus, desto größer waren die repräsentativen Pflichten nach außen und desto formaler die Regeln des Zusammenlebens. Diese waren vielfach in eigenen Hausgesetzen (kaken) niedergelegt und verbindlich für alle Haushaltsmitglieder, nicht zuletzt auch für den Hausvorstand.[5]

Die Sonderstellung des Hausvorstands und die Abhängigkeit der übrigen Familienmitglieder von ihm verleihen der samurai-Familie eine patriarchalische Familienstruktur. Der Begriff des „Patriarchats" (kachōken), der auch von japanischen Historikern auf die japanische Geschichte übertragen wurde, sollte jedoch vorsichtig verwendet werden. Schon in der westlichen Wissenschaft wird er allzu oft unreflektiert und ohne Berücksichtigung seiner ursprünglichen Bedeutung und seines Wandels im Laufe der Geschichte gleichgesetzt mit dem Recht des Hausvorstands, eigenmächtig und willkürlich über alle anderen Familienmitglieder zu verfügen. Dabei wird außer acht gelassen, daß die „patria potestas" im alten Rom auch nicht absolut, sondern eingebunden war in die „allgemeinen Sitten" und daß der „pater familias" der Kontrolle der „censores" unterlag.[6] Das Bild des Familienoberhaupts als unbarmherziger Gewaltherrscher ist ein Produkt der späten Neuzeit Europas und als solches auch auf Japan nicht übertragbar. Nur insoweit der Hausvorstand rechtlich und sozial eine privilegierte Stellung unter den anderen Familienmitgliedern einnahm, ist der Begriff „Patriarchat" auch auf japanische Familienformen anwendbar. Wesentlich ist dabei jedoch, daß die Rechtsnormen auch in Relation gesetzt werden zur Rechtswirklichkeit, zum Familienalltag. Hier zeigen sich eher die kulturellen Unterschiede.[7]

Die Stellung des Hausvorstands ist in der japanischen Familie der Tokugawa-Zeit in allen Schichten bedeutend gestärkt worden. Dies beruhte vor allem auf Veränderungen in der wirtschaftlichen Situation des Hauses, dem Erbsystem und im staatlich-bürokratischen System. Als Empfänger eines fixen, erblichen Lehens in der samurai-Familie und als Steuer- und Abgabenpflichtiger im Volk war dem Hausvorstand die Hauptverantwortung für das ganze Haus übertragen worden. Auch im mittelalterlichen Feudalismus der Kamakura- und Muromachi-Zeit empfingen die samurai Lehen und die Bauern entrichteten Abgaben. Dies geschah jedoch aufgrund eines persönlichen Lehensverhältnisses zwischen Lehnsherr und Vasall. Mit der zentralen Erfassung des Landes in der Tokugawa-Zeit, der Festsetzung eines erblichen Lehens und der Besteuerung des Dorfes als Einheit wurde jedoch nicht mehr der einzelne belehnt oder besteuert, sondern das ganze Haus, für das jeweils ein männlicher Vertreter das Siegel des Hauses (jitsuin) verantwortlich verwalten mußte. Die Bürokratisierung des Lehnsverhältnisses trug somit entscheidend zur Aufwertung der Position des Hausvorstands bei. Dies trifft auch für die Registrierung der Bevölkerung in den „ninbetsuchō", den Personenstandsregistern, und den „shūmon aratamechō", Registern zur Erfassung der Religionszugehörigkeit (kurz: Tempelregister), zu. Nicht jedes einzelne Mitglied der Familie, sondern meist nur der Hausvorstand und seine Ehefrau wurden erfaßt. Für die samurai galt außerdem, daß Gesuche für den Personenstandswechsel nur durch den Hausvorstand erfolgen konnten, während im Volk derartige Bekanntmachungen meist mündlich und durch die Betroffenen selbst gemacht wurden.[8]

Die Veränderungen im Erbsystem hingen eng mit der wirtschaftlichen Entwicklung zusammen. So hat die Stagnation in der zweiten Hälfte der Tokugawa-Zeit die Einführung der Vererbung an den ältesten Sohn sowohl bei den Bauern wie bei den samurai begünstigt. Erstmals Mitte des 17. Jahrhunderts wurden für die samurai Erbbestimmungen erlassen, wonach das Lehen und die Ämter an einen leiblichen männlichen Erben zu übertragen seien. Es ist jedoch nachgewiesen, daß noch bis zur Genroku-Ära (1688–1704) unter den samurai Lehen teilweise oder auch vollständig an zweite oder dritte Söhne vererbt wurden. In diesen Fällen wurden die ersten Söhne offenbar aus familienpolitischen oder wirtschaftlichen Gründen als Adoptivsöhne in andere Familien, zum Beispiel auch die mütterlicherseits, geschickt. Jeder Erbfall mußte jedoch vom Lehnsherrn genehmigt werden. Bei Erbteilung gingen die Hausvorstandsrechte wie das Recht auf Weiterführung des Hausnamens (kamei), auf Verwaltung des Hausaltars und des Haussiegels an den designierten Hausvorstand; nur das Sach- und Geldvermögen wurde geteilt, wobei es gegebenenfalls zur Gründung eines Zweighauses (bunke) kommen konnte. Als nach 1700 die wirtschaftliche Lage die Erbteilung nicht mehr zuließ, setzte sich das Alleinerbe durch, womit die Position des Hausvorstands bedeutend gestärkt wurde. Für die mittleren und unteren samurai, die von fixen Reisstipendien lebten, dürfte die Tendenz zum Alleinerbe wesentlich früher eingesetzt haben. Lediglich die landbesitzenden samurai verfügten über einen gewissen Spielraum durch Ausbeuten der Bauern oder Landzugewinn. Sie stellten jedoch eine Minorität unter den samurai dar. Außerdem hielten sie sich überwiegend in den städtischen Zentren auf, da Landbesitz mit der Verpflichtung zur Ämterübernahme verbunden war. Nicht selten überließen sie in der zweiten Hälfte der Tokugawa-Zeit ihr Land reichen Kaufleuten, bei denen sie sich verschuldet hatten, die wiederum das Land ansässigen Bauern in Pacht gaben.

Von alters her war es in Japan Brauch, Söhne zu adoptieren, wenn kein Erbe vorhanden war. Im Gegensatz zu China waren Adoptionen nicht auf Mitglieder des eigenen Hauses oder Verwandtenkreises väterlicherseits beschränkt. Auch eine nichtverwandte Person konnte adoptiert werden. Da diese Adoptionen in der Sengoku-Zeit (1477–1573), der Zeit der kriegerischen Wirren, oft strategisch eingesetzt wurden, waren sie in der Tokugawa-Zeit für die samurai zunächst verboten, und das Lehen wurde eingezogen, wenn kein Erbe vorhanden war. Dies brachte mit sich, daß Anfang der Tokugawa-Zeit die „rōnin", die herrenlosen samurai, stark zunahmen und eine Gefahr für die Regierung darstellten. Sie sah sich deshalb gezwungen, die Adoptionsbestimmungen zu lockern. Die Einschränkung, daß der Adoptivsohn aus dem Personenkreis gleichen Familiennamens gewählt werden sollte, zeigt eine gewisse Anpassung an die strikte Patrilinearität in China, die sich jedoch in Japan nie ganz durchsetzte.

Primogenitur und Erblichkeit des fixen Lehens sind objektive Faktoren für die privilegierte Position des Hausvorstands.

Die Frage ist jedoch, inwieweit der Hausvorstand auch persönliche Autorität entfalten konnte und inwieweit sich die anderen Familienmitglieder dieser Autorität unterordneten. Hier sind deutliche Unterschiede zu erkennen zwischen der samurai-Familie und der Familie des Volkes, aber auch Unterschiede zur europäischen Familie.

Der Hausvorstand eines samurai-Hauses trug die Bezeichnung „tōshu", was soviel bedeutet wie „derzeitiger Herr"; „derzeitig" in dem Sinne, daß der Hausherr ein Glied in der Kette der Ahnen war und daß seine Position an einen jüngeren Hausvorstand überging, sobald er sich selbst aufs Altenteil (inkyo) zurückzog. Seine vornehmste Aufgabe, die Aufrechterhaltung der Kontinuität des Hauses, leitete sich daraus ab, daß der Hausherr die Hinterlassenschaft der Ahnen zu verwalten hatte. Haus und Lehen waren kein persönlicher Besitz, sondern ein Geschenk der Ahnen zum Wohl aller Nachkommen. Aber nur der Hausherr war berechtigt, den Hausaltar mit den Ahnentafeln zu verwalten, die Totenfeiern abzuhalten sowie den Familiennamen zu führen, denn nur die samurai und einige privilegierte Familien durften in der Tokugawa-Zeit einen Nachnamen tragen. Die Unterordnung der Familie unter die Genealogie des Hauses und die Verpflichtung gegenüber den Ahnen stellten somit das übergeordnete Prinzip des ie dar, aus dem sich die Autorität des Hausherrn ableitete. Abgesehen davon hatte der Hausvorstand einer samurai-Familie aber auch noch konkrete Pflichten. Er trug die Verantwortung für die Erfüllung der Lehnsdienste und mußte das Haus bei offiziellen Feiern wie Hochzeiten, Beerdigungen und Totengedenkfeiern vertreten. Da nur er im Besitz des die Unterschrift ersetzenden offiziellen Siegels war, konnten personelle Entscheidungen wie Heiraten, Scheidungen, Adoptionen, Gründungen von Zweighaushalten und Erbangelegenheiten nur mit seiner Einwilligung geschehen. Er hatte das Recht, Kinder zu enterben oder zu verstoßen, die sich zum Schaden des Hauses etwas hatten zuschulden kommen lassen oder die verschwunden waren. Die Aufteilung des Erbes lag weitgehend in seiner Hand, auch wenn sie vom Lehnsherrn

Abb. 1: Im Altenteil lassen sich die Eltern von den jüngeren Kindern bedienen. Inkyo – „im Schatten leben“ bedeutet das Leben auf dem Altenteil. Ab einem gewissen Alter übertrug der Hausvorstand Pflichten und Rechte dem ältesten Sohn und zog sich mit den jüngeren Kindern vom aktiven Leben zurück.

genehmigt werden mußte. Dasselbe galt für Scheidungen. Er verwaltete das Vermögen der Frau und konnte sie und ihren Liebhaber straflos töten, wenn er beide des Ehebruchs überführte. Zusammen mit dem Familienrat bestimmte er über die Heirat der Kinder und über Adoptionen. Und schließlich hatte er laut bakufu-Beschluß eine gewisse Pflicht zur Kontrolle der Verwandten zweiten und dritten Grades.[9]

Im Gegensatz zum römischen „pater familias“ behielt der japanische Hausvorstand seine Position nicht für die Dauer seines gesamten Lebens. Nach Erreichen eines gewissen Alters zog er sich gewöhnlich zusammen mit den jüngeren Kindern auf das Altenteil zurück und „lebte dort im Schatten“, wie der Begriff „inkyo“ für Altenteil wörtlich zu übertragen ist. Dies bezeugt, daß die Autorität des Hausvorstands nicht an seine Person gebunden war, sondern daran, inwieweit er die Pflichten, die mit seiner Position verbunden waren, wahrnahm. Insofern war er „derzeitiger Herr“, der jederzeit ersetzbar war. Das Recht des abgedankten Hausherrn, seinen Nachfolger gegebenenfalls wegen Unfähigkeit abzusetzen und zu enterben, galt jedoch in der Tokugawa-Zeit nicht mehr. Die Kontinuität des Hausvorstands hatte jetzt Vorrang vor dessen individueller Befähigung, die in Kriegszeiten eine so große Rolle gespielt hatte – auch dies ein Indiz für die Festigung der Position des Hausvorstands zugunsten stabiler Verhältnisse.

Formal besaß der Hausvorstand einer samurai-Familie somit ausreichend Befugnisse zur Ausübung eigenmächtiger Gewalt, um seine Position als patriarchalisch zu bezeichnen. In der Praxis war er jedoch an die Gesetze des Hauses gebunden und nicht zuletzt an die Beschlüsse des Familienrats, der jeweils bei wichtigen, das ganze Haus betreffenden Entscheidungen wie Heirat oder Vererbung zusammen kam. Dieser aus älteren Verwandten bestehende Familienrat war in seinen Funktionen und Kompetenzen an keiner Stelle gesetzlich definiert – es sei denn in den Hausgesetzen; er stellte jedoch ein historisch gewachsenes Organ jedes größeren samurai-Hauses dar. Ein anschauliches Beispiel seiner Mitsprache bei Heiraten jüngerer Familienmitglieder findet sich in der Autobiographie „Tochter der Samurai“ von Inagaki-Sugimoto Etsu, deren Vater Kanzler des Landesfürsten von Nagaoka gewesen war. Als eines Tages nach dem Tod ihres Vaters der Familienrat in ihrem Haus tagte, stellte sie, mit Schreibarbeiten im Nebenzimmer beschäftigt, fest, daß diese Sitzung ungewöhnlich lange dauerte. Ohne zu wissen, um was es sich handelte, wurde sie plötzlich von dem Zimmermädchen in den Raum gebeten, wo die Gäste versammelt waren:

„Ich trat in das große Zimmer. Bruder saß nahe der ‚Tokonoma‘, und ihm zunächst befanden sich die älteren Oheime und der junge Oheim aus Tokio. Gegenüber saßen die ehrwürdige Großmutter, die vier Tanten und Mutter. Man hatte Tee serviert, und alle hatten Tassen vor sich oder in ihren Händen. Als ich die Tür aufmachte, sahen alle auf und starrten mich an, als ob sie mich nie zuvor gesehen hätten. Ich war ein wenig erschrocken, aber ich machte natürlich eine tiefe zeremonielle Verbeugung. Mutter winkte mir, und ich glitt hinüber auf die Matte neben ihr.

‚Etsu-ko', sagte die Mutter sehr sanft, ‚die Götter sind sehr freundlich zu dir gewesen und dein Geschick als Braut hat sich entschieden. Dein ehrwürdiger Bruder und deine verehrungswürdige Verwandtschaft haben sich viel mit deiner Zukunft beschäftigt. Es geziemt sich, daß du all den Ehrwürdigen deine Dankbarkeit ausdrückst.'

Ich machte eine lange, tiefe Verbeugung, indem ich mit der Stirn den Fußboden berührte. Dann ging ich hinaus und kehrte zu meinem Pult und zu meiner Schreibarbeit zurück. Ich dachte nicht einmal daran zu fragen: ‚Wer ist es?' Ich dachte überhaupt nicht an meine Verlobung als eine persönliche Angelegenheit. Für mich war es Familienangelegenheit . . ."[10]

Wie im Hofadel wurde die Heirat in der samurai-Schicht meist schon im Kindesalter der beiden Partner von ihren Familien festgelegt. In Mori Ōgais historischer Erzählung „Tsuge Shirozaemon" berichtet der Ich-Erzähler:

„Vater wurde 1848 geboren. Sein Kindername war Shikata. Nach der Sitte alter Familien wurde seine Zukunft durch seine Eltern bestimmt und er hatte eine Hochzeitszeremonie, während er noch Kind war. Er tauschte die Hochzeitsbecher mit einem Mädchen namens Take, Tochter der Familie Shiomi. Ich glaube, dies fand wohl im Jahr 1851 statt, als Shikata vier und Take, ein Jahr älter, fünf war . . . Kurz nachdem Shikata volljährig geworden war, wurden er und Take, die er bis dahin als Schwester betrachtet hatte, wirklich Mann und Frau . . . Ich wurde im zweiten Monat des Jahres 1863 geboren, als Vater 16 und Mutter 17 Jahre alt waren. Ich erbte Vaters Kindernamen und wurde Shikata genannt."[11]

Der Lehnsherr eines samurai hatte darüber zu wachen, daß es sich jeweils um eine standesgemäße Heirat handelte, denn unter den samurai selbst bestanden erhebliche Rangunterschiede. Nicht selten nutzte er dabei sein Recht, um einem Vasallen eine Heirat aufzuzwingen. Formal war das Heiratssystem monogam, da nur eine Frau in das Hausregister aufgenommen werden konnte. Tatsächlich bestand jedoch Polygamie, denn üblicherweise hatte der Mann eine Nebenfrau, besonders dann, wenn kein Erbe durch die rechtmäßige Frau geboren wurde. Da die Nebenfrau nicht in das Hausregister aufgenommen wurde, war sie im Gegensatz zu früher nicht mehr erbberechtigt. Daran änderte sich auch nichts, wenn sie einen Stammhalter geboren hatte, wie sie auch grundsätzlich nicht in die Position der ersten Frau aufrücken konnte. Ihre Stellung kam der des Dienstpersonals gleich, da sie den Anweisungen der ersten Frau zu folgen hatte. Der Spruch der Tokugawa-Zeit: „Der Bauch ist eine Leihgabe" traf in besonderer Weise auf die Nebenfrau zu. Außer ihr konnte der Mann der samurai-Schicht noch eine „inoffizielle Frau" (naisai) haben, die er aus Standesgründen nicht heiraten konnte. Der berühmte Haiku-Dichter Matsuo Bashō, der aus niederer samurai-Familie stammte, lebte über zwanzig Jahre mit einer naisai zusammen und hatte drei Kinder mit ihr.

In keiner Epoche war die japanische Frau rechtlich und ideologisch so diskriminiert wie in der Tokugawa-Zeit, und die Frau der samurai-Schicht erfuhr dabei die größte Benachteiligung. Im Gegensatz zu vorangegangenen Zeiten hatte sie kein Erbrecht mehr und konnte auch nicht mehr vorübergehend den Hausvorstand übernehmen, bis ein männlicher Nachfolger herangewachsen war. Das einzige Vermögen, über das sie selbst verfügen konnte, waren Dinge des täglichen Gebrauchs. Die größte Schande für eine Frau der samurai-Schicht war es, von ihrem Mann in ihre Familie zurückgeschickt zu werden. Auch wenn die Scheidung auf Vereinbarung beider Familien beruhen und vom Lehnsherrn genehmigt sein mußte, hatte die Frau selbst keine Handhabe, gegen sie rechtlich Einspruch zu erheben.

Die Sozialisation der Kinder einer samurai-Familie war ganz auf die zukünftigen Aufgaben der Schwiegertochter bei den Mädchen und des Hausvorstands oder potentiellen Vorstands bei den Jungen ausgerichtet. Die konfuzianische Erziehung der Kinder sah vor, daß sie vom siebenten Lebensjahr an streng getrennt nach Geschlecht aufwuchsen und daß unter den Geschwistern die Altershierarchie gewahrt wurde, wobei dem zukünftigen Erben des Hauses stets noch eine besondere Position zukam. So wurde er u. a. nicht mit seinem Namen sondern in seiner Funktion mit „Erbe" angeredet und erfuhr respektvolle Behandlung. Das Heiratsalter lag bei den Mädchen bei 14 oder 15 Jahren, bei den Jungen bei 17 oder 18 Jahren. Die frühe Einheirat der Tochter in ein anderes Haus hatte nicht zuletzt den Zweck, ihr so etwas wie eine zweite Sozialisation zukommen zu lassen, denn sie mußte die Bräuche und Sitten des Hauses ihres Mannes erlernen, um dann in die Rolle der zukünftigen Hausherrin hineinzuwachsen. Diese Phase konnte zehn bis zwanzig Jahre dauern, nämlich bis ihre Schwiegermutter als Hausherrin abdankte. Zur Vorbereitung der jungen Mädchen auf ihre zukünftige Rolle in der Familie wurden zahlreiche belehrende Schriften herausgegeben. Sie dienten ihnen in ihrer Ausbildung durch Privatlehrer als Leselektüre und als Schreibvorlage. Die bekannteste dieser Schriften, die noch bis in die Meiji-Zeit (1868–1912) autoritativ war, war die „Große Lehre der Frauen" (Onna daigaku), die dem Konfuzianer Kaibara Ekken (1630–1704) zugeschrieben wird.[12] Sie gibt nicht nur Aufschlüsse über die Erwartungen an die Frau, sondern auch über die Prioritäten innerhalb der Familie. Die Hauptpunkte sind:

1. „Wenn das Mädchen herangewachsen ist, geht es in eine andere Familie und dient den Schwiegereltern ... Wenn das Mädchen in das Haus des Mannes zieht, muß es die Schwiegereltern mehr als die eigenen Eltern schätzen, sie innig lieben und ehren und ihnen die Kindespflicht erweisen ... Was sie befehlen, soll geflissentlich erfüllt werden."

2. „Die Frau hat keinen besonderen Gebieter. Sie soll ihren Mann für ihren Gebieter halten, ihn ehren und ihm mit Aufmerksamkeit dienen, nie aber ihn geringschätzen und verachten. Überhaupt ist der Gehorsam gegen den Mann der Weg der Frau."

3. „Eine Frau soll sanftmütig und gehorsam, keusch und tiefen Gemüts, still und anmutig sein. Das Mädchen soll von Jugend auf den rechten Abstand zwischen dem männlichen und weiblichen Geschlecht beobachten, und nicht für einen Augenblick soll es Zärtlichkeiten hören oder sehen. Nach den Sitten der alten Zeit dürfen Männer und Frauen nicht beisammen sitzen, die Kleider nicht am gleichen Ort aufbewahren, nicht ins gleiche Bad steigen und sich nichts direkt von Hand zu Hand überreichen."

4. „Die Frau soll niemals eifersüchtig sein. Wenn ihr Mann ein liederliches Leben führen sollte, soll sie ihn ermahnen, doch soll sie ihm nicht zürnen oder gram sein."

5. „Die Frau soll immer auf sich achten und ernstlich über ihre Person wachen. Morgens soll sie früh aufstehen, abends darf sie erst spät zu Bett gehen, sie soll sich des Mittagsschlafs enthalten und sich um die häuslichen Angelegenheiten sorgen, und sie darf nicht faul sein im Weben, Nähen und Spinnen.[13]

Offenbar als Mahnung werden in diesem Zusammenhang auch die ursprünglich aus China übernommenen sieben Scheidungsgründe (shichikyo) angeführt. An erster Stelle steht der Ungehorsam gegenüber den Schwiegereltern, an zweiter die Kinderlosigkeit, denn, so heißt es, „der Zweck der Ehe ist, Nachkommen zu erzeugen."[14] Weitere Gründe sind Unsittlichkeit, Eifersucht, schlimme Krankheiten, Geschwätzigkeit und Kleptomanie. Am Ende der Schrift wird deutlich, welches Menschenbild von der Frau hinter dieser Denkweise steht:

„Das weibliche Herz hat im allgemeinen folgende Fehler: Ungehorsam, Verdrießlichkeit, Schimpfsucht, Eifersucht und Dummheit. Diese fünf Fehler finden sich sicherlich bei sieben oder acht von zehn Frauen, und deshalb stehen sie den Männern nach ... Unter den Fehlern ist die Dummheit der Grund für alle anderen. Die Frau hat die Natur des Yin. Dieses Yin ist Nacht und Dunkel. Wenn man deshalb die Frauen mit den Männern vergleicht, sind sie dumm; sie wissen nicht das ganz Selbstverständliche und verstehen nicht einmal das, was Schande über sie bringen wird."[15]

Die Frau ist somit nach dieser Sicht ein minderes Wesen ohne Berechtigung auf eine eigene Persönlichkeit. Ihre Unterordnung war im konfuzianischen Weltbild bereits vorgegeben, da dieses gemäß neo-konfuzianischem, chinesischem Denken eine Entsprechung von natürlicher und weltlicher Ordnung konzipiert hatte. Entgegen dem chinesischen Vorbild wurde diese Ordnung aber in Japan streng hierarchisch gedacht. Der Haupttheoretiker des japanischen Konfuzianismus, Hayashi Razan, umschrieb sie folgendermaßen:

„Der Himmel ist erhaben, die Erde nieder. Der Himmel ist hoch, die Erde niedrig. So wie es den Unterschied zwischen oben und unten gibt, so ist unter den Menschen wiederum der Herr edel, der Untertan gemein. ‚Riten' (rei) bedeuten, daß es eine Ordnung von oben und unten gibt, von alt und jung; ‚erhaben' bedeutet von hohem Rang, ‚nieder' von geringem Rang. Da nun der Herr erhaben ist, der

Untertan nieder, ist das Land nur aufgrund dieser Unterscheidung zu regieren."[16]

Das Verhältnis der Geschlechter wurde analog zu diesem Weltbild ebenfalls in Kategorien von ‚oben' und ‚unten' definiert:

„Herr und Vater, das ist der Weg des Himmels; Untertan und Kind, das ist der Weg der Erde. Daß der Mann draußen wirkt, das ist wie der Himmel, wie Yang; daß die Frau drinnen wirkt, das ist wie die Erde, wie Yin. Diese Ordnung von der Überlegenheit des Herrn und Vaters, der Unterlegenheit des Untertanen und des Kindes entspricht der Ordnung von Himmel und Erde und darf folglich nicht zerstört werden."[17]

Der Mann, der das Prinzip Yang verkörpert, ist entschlossen und stark, die Frau, die das Prinzip Yin verkörpert, ist passiv und schwach. Beides ergänzt sich, aber das eine, die Frau, ist stets dem anderen untergeordnet. Auch in Japan wie in China ist die Frau demnach das „schwache Geschlecht". Daraus wurde aber nicht wie in westlichen Kulturkreisen ihre Schutzbedürftigkeit abgeleitet. Sie hatte ihre Schwäche vielmehr wettzumachen durch besondere Anstrengung und besonderen Selbstverzicht. Nach der „Großen Lehre der Frauen", muß den Frauen aufgrund ihrer Unzulänglichkeiten eine besonders strenge Erziehung erteilt werden, nicht zuletzt aber auch deshalb, damit sie auf ihr hartes Los in der Familie des Mannes vorbereitet sind. Der absolute Gehorsam gegenüber den Eltern (kō) spielte daher eine zentrale Rolle in ihrer Erziehung. Er brauchte später nur umgesetzt zu werden in den Gehorsam gegenüber den Schwiegereltern.

Die „Große Lehre der Frauen", ursprünglich zusammengestellt für Frauen der samurai, wurde zur Pflichtlektüre aller Frauen auch in der Schicht der wohlhabenden Bauern und im städtischen Bürgertum. Auch hier galt die Erwartung an die Frau, daß sie Nachkommen gebar und aufzog und daß sie in dem Haus, in das sie einheiratete, gute menschliche Beziehungen herstellte, indem sie sich ganz seinen Sitten und Bräuchen unterwarf. Die vorbildhafte Frau war in der Oberschicht diejenige, welche, selbst kinderlos, für den Mann eine Nebenfrau

Abb. 2: Die Braut empfängt den traditionellen Sake-Becher bei der Hochzeitszeremonie. Zu keiner Zeit war die Frau so diskriminiert wie in der Tokugawa-Periode, und Heiraten – yome ni iku – bedeutete dem Wortsinn nach: als Schwiegertochter in den Dienst der Schwiegereltern und des Mannes gehen.

suchte und deren Kinder wie die eigenen aufzog.[18] Darüberhinaus erwartete man von ihr, daß sie den Haushalt mit den Bediensteten sachkundig und gewissenhaft führte; dies war keine geringe Aufgabe, bedenkt man, daß sich der Landadel alle zwei Jahre in der Provinz aufhielt und das Haus in Edo in Abwesenheit des Hausherrn geführt werden mußte.

Die meisten Frauen der oberen samurai-Schicht wurden in Dichtung und Literatur ausgebildet und waren darin den Frauen im Volk gegenüber privilegiert. Aber nur ganz wenigen war Gelegenheit gegeben, ihre erworbenen Fähigkeiten nach außen zu tragen. In der Regel führten sie ein Schattendasein neben dem Mann und waren wie er den Zwängen und formalisierten Lebensregeln der samurai-Schicht unterworfen, die immer größere Bedeutung annahmen, je weiter sich der Mann von seinem eigentlichen Beruf, dem Kriegshandwerk, entfernte. Die unteren samurai glichen dagegen ihren Lebensstil eher dem des Volkes an. Aus finanzieller Not sahen sie sich in der zweiten Hälfte der Tokugawa-Zeit gezwungen, zivile Berufe als Ärzte oder Lehrer zu ergreifen. In den für das Volk eingerichteten Schulen (terakoya) fanden sich nicht wenige Frauen als Lehrerinnen, die aus samurai-Familien kamen.

3. Die ländliche Familie

Mit der expandierenden Landwirtschaft, die auf Neulandgewinnung, Flußregulierung und Verbesserung von Geräten beruhte, nahm die Zahl der selbständigen Kleinbetriebe zu, besonders im Kinki-Bereich um Osaka, Kyōto und Nagoya. Im Nordosten dagegen, wo die wirtschaftliche Entwicklung am rückständigsten war, hielten sich die komplexen Großfamilien bestehend aus Verwandten und Nichtverwandten, aus Haupt- und Zweighäusern. Damit sind jedoch nur zwei Regionen mit unterschiedlichster Familienstruktur angesprochen. Die vielfältigen geographischen Bedingungen Japans, allein der Gegensatz von Berg- und Küstenregion, haben verschiedenste, hier nicht zu behandelnde Familienformen entstehen lassen.

Um die ländliche Familie angemessen darzustellen, soll zunächst die Produktionsweise und deren Organisation auf der Dorfebene beschrieben werden und damit die enge Einbindung des einzelnen Hauses in das Dorf.

Der Reisanbau auf Naßfeldern, wie er seit alters betrieben wurde, war arbeitsintensiv und konnte nur gemeinschaftlich bewältigt werden. Im Verlauf eines Jahres gab es drei Zeiten, in denen der Bauer die Hilfe anderer benötigte: bei der Bewässerung der Felder, die, in gegenseitiger Abstimmung, reihum erfolgte; beim Setzen der Schößlinge, das innerhalb einer Woche zu einem bestimmten, günstigen Termin zu geschehen hatte, wenn ein guter Ertrag erzielt werden sollte, und schließlich bei der Ernte, die sehr schnell eingebracht werden mußte. Hier war es Brauch, daß jeder jedem half. Darüberhinaus bedurfte es gemeinsamer Absprache bei der Beschaffung des Düngers, der hauptsächlich aus dem Gras im Gemeinbesitz befindlicher Waldrandfelder bestand. Neben diesen gemeinsam bewirtschafteten Feldern (iriaichi) gab es gemeinsame Waldstücke, deren Holz für den Hausbau verwandt wurde. Auch der Hausbau, das Decken der Reet-Dächer, geschah gemeinschaftlich. Die Organisationsformen dieser zeitlich befristeten Kollektivarbeiten, vielfach ‚maki' oder ‚yui' genannt, waren je nach Region verschieden und dürften von der Organisation des Dorfes abhängig gewesen sein.

Die soziale Struktur eines Dorfes war äußerst komplex, da sich verschiedene Ebenen, die legale, die ökonomische und die traditionale überlagerten. Legal unterschied man zwischen den ‚honbyakushō', Bauern, die die Dorfversammlung bildeten und als steuerpflichtig registriert waren, und den ‚mizunomi' oder ‚kakaebyakushō', den nichtselbständigen und nichtsteuerpflichtigen Bauern. Ökonomisch entsprachen ihnen die ‚takamochi' (Landbesitzenden) und ‚mutaka' (Landlosen). Aber nicht alle takamochi waren gleichzeitig auch honbyakushō, denn das Recht auf politische Mitsprache in der Dorfversammlung (kabu) konnte nur ererbt oder käuflich erworben werden. Unter den honbyakushō gab es wiederum eine Abstufung nach Tradition des Hauses, Name des Hauses und Wohlstand. Die Politik im Dorf, das heißt die Verteilung der Steuerlasten, die Wasserregulierung und die Bestimmung über die Allmende, wurde in der Regel von den alteingesessenen Bauern festgelegt, die über die Schreingilden (miyaza) auch die religiös-rituelle Gewalt innehatten.[19] Die honbyakushō waren meist die Haupthäuser eines Familienverbandes (dōzoku), der sich pyramidenförmig aus einem Haupthaus (honke) und einem oder mehreren Zweighäusern (bunke/bekke) zusammensetzte, die ihrerseits Zweighäuser abspalten konnten. Je mehr Häuser des eigenen dōzoku Selbständigkeit und den honbyakushō – Status erlangt hatten, umso größer war das Mitspracherecht in der Dorfpolitik. Die Möglichkeit, viele Zweighäuser zu gründen, bestand jedoch nur so lange, als es zu teilende Produktionsmittel gab. Das einzelne Haus (ie) war somit relativ selbständig, hinsichtlich der Produktionsmittel wie Dünger und Wasser jedoch vom Dorf insgesamt abhängig. Schließlich war es auch eingebunden in die von der Feudalverwaltung beorderte Fünfergruppe.

Die Kombination von Kleinbetrieben aus fünf bis sechs Personen und hoher gegenseitiger Abhängigkeit wirkte sich auf die Expansion landwirtschaftlicher Produktion positiv aus. Die Kleinbetriebe konnten nur effektiv wirtschaften, weil sie hinsichtlich der Produktionsmittel durch das Dorf abgesichert waren. Die bakufu-Regierung hatte diesen Zusammenhang offenbar erkannt. Indem sie nicht das einzelne Haus, sondern das Dorf als Ganzes besteuerte, zwang sie dieses zur Kooperation und gewährleistete damit indirekt die Existenz der einzelnen Betriebe. Daß Kleinbetriebe eher rentabel wirtschafteten, war schon vor der Tokugawa-Zeit erkannt worden, denn bereits 1594 kam ein Dekret heraus, wonach eine bäuerliche Familie nicht aus mehr als fünf bis sechs verwandten Personen bestehen solle. Um jedoch zu verhindern, daß sich diese Betriebe in allzu kleine, nicht mehr existenzfähige Einheiten aufsplitterten, griff die bakufu-Regierung 1673 in das Erbsystem ein und verbot jede Erbteilung von Haushalten mit einem Landbesitz von unter einem chō (0,992 ha). Ein chō erbrachte durchschnittlich zehn koku Reis, und ein koku Reis (180 l Körnerreis) galt als durchschnittlicher Jahresverbrauch einer Person. Bei einer Familie von fünf bis sechs Personen blieben damit noch 50 Prozent der Ernte, die als Abgabe eingezogen werden konnten.[20]

In der zweiten Hälfte der Tokugawa-Zeit brachte die wirtschaftliche Stagnation einen Wechsel in der ländlichen Oberschicht mit sich, da viele Zweighäuser Selbständigkeit erlangten und sich in den Stand der honbyakushō einkauften. Ihre Unabhängigkeit zeigte sich auch darin, daß sie mit der Verehrung eigener Ahnen begannen, was ihnen bislang als Mitglied des dōzoku (Familienverbandes) untersagt war, und einen „Hausnamen" (tsūmei) führten, womit das ie als überzeitliche Einheit manifest wurde. Mit der Auflösung der alten Familienverbände zugunsten unabhängiger, einzelner Häuser sowie der Neuorganisierung der gemeinsamen Rechte am Wald- und Weideland über die Dorfversammlung war das Dorf der späten Neuzeit entstanden.[21]

Ein wesentliches Moment für die Verdrängung der alten Eliten durch neue wirtschaftlich mächtige Häuser war das Aufkommen der Geldwirtschaft. So waren für reiche Bauern das Sake-Brauen und der Geldverleih ein lukratives Zusatzgeschäft. Die Kleinbauern, die mit dieser Entwicklung nicht Schritt halten konnten, gerieten nun erneut in Abhängigkeit, entweder indem sie Land in Pacht gaben oder indem sie neue Familienverbände unter Leitung eines mächtigen Haupthauses bildeten, das ihnen die Produktionsmittel zur Verfügung stellte. Es zeigte sich schließlich, daß ein Dorf umso besser wirtschaftete, je mehr Familienverbände es umfaßte. Dort, wo dies nicht der Fall war, kamen die Gegensätze zwischen Landbesitzenden und Landlosen, zwischen Pächtern und Verpächtern gegen Ende der Tokugawa-Zeit am krassesten durch Aufstände abhängiger Bauern zum Ausdruck.

4. Die Stellung des Hausvorstands in der ländlichen Familie

Die Abhängigkeit der Häuser voneinander innerhalb des Dorfes – sei es über den Familienverband, sei es über die Fünfergruppe oder die eigene soziale Schicht – bedeutete für den Hausherrn eines ländlichen Haushalts, daß er in besonderer Weise in seinem Handeln gebunden und der Kontrolle von außen unterworfen war. Nicht nur der Dorfverwaltung gegenüber war er für die Steuerleistung und die Registrierung der Mitglieder des Hauses verantwortlich, auch innerhalb des Familienverbands oder der Fünfergruppe hatte er sein Haus zu vertreten. So wurde zum Beispiel bei kriminellen Vergehen eines beliebigen Familienmitglieds die gesamte Fünfergruppe zur Rechenschaft gezogen. Gerichtsurteile, in denen der Hausvorstand härter bestraft wurde als der eigentliche Täter, belegen seine Aufsichtspflicht über die Mitglieder des Hauses.[22] Dies dürfte auch für die Organisation der Arbeit innerhalb des Hauses zutreffen. Die enge Kooperation mehrerer Häuser setzte voraus, daß die Arbeit der jeweiligen Mitglieder funktionsgerecht delegiert war. Alle waren aufeinander angewiesen und hatten Anteil an der Erhaltung der Familie, so daß jedes Familienmitglied – auch die Frauen – ein gewisses Mitspracherecht innerhalb des Hauses hatte und die Stellung des Hausherrn auf dem Land im Vergleich zu dem der samurai-Schicht weniger herausgehoben war. Gleichwohl kamen ihm bürokratisch und rituell ähnliche Funktionen zu wie dem Hausherrn, der samurai-Schicht: Er vertrat das Haus nach außen, und ihm oblag die Betreuung des Hausaltars mit den Ahnentafeln sowie die Abhaltung der religiösen Dienste.[23] Vor allem jedoch war er für das Gedeihen des Familienbetriebs verantwortlich, und dies wiederum nicht nur im Hinblick auf die Nachkommen, sondern auch auf das Gebot der Ahnen, denen die Existenz des Hauses zu verdanken war. Die Schrift „Minka Yōjutsu", eine Anleitung für das tägliche Leben des Volkes vom Ende der Tokugawa-Zeit, betont dies auf folgende Weise:

„Die Kinder und Enkel, die von den Eltern und Großeltern reiches Vermögen geerbt haben, sollten wissen, daß ihnen die Felder und das Vermögen des Hauses von den Ahnen zur Verwahrung anvertraut worden sind und daß es nicht ihr persönlicher Besitz ist ... Folglich gleichen die Ahnen, die das Haus gegründet haben, den Herren und die Kinder und Enkel ihren Dienern. Pflichterfüllung gegenüber den Eltern bedeutet, daß die Kinder zu gegebener Zeit als Verantwortliche für das Haus das Vermögen der Ahnen in Verwahrung nehmen, aufgrund dieser Gnade die Seelen der Ahnen verehren, deren Todestage begehen, für Weib und Kinder sowie Bedienstete sorgen und so, dem Willen der Ahnen folgend, das Vermögen der Ahnen vermehren und den eigenen Enkeln weitergeben."[24]

Die Unterordnung des Hausherrn unter das Gebot der Ahnen drückte sich auch darin aus, daß ein Hausvorstand, der sich als unfähig oder ungeeignet erwies, von dem im Altenteil lebenden, ehemaligen Hausvorstand abgesetzt werden konnte. Die wirtschaftliche Sicherung des Hauses hatte im Volk Vorrang vor der formalen Kontinuität. Für manche japanische Rechtshistoriker ist die Möglichkeit der Absetzung des Hausvorstands ein Indiz dafür, daß es sich im Volk nicht um eine patriarchalische Familie handelte.[25] Fraglos war dem Hausvorstand im Volk wenig Raum zu willkürlichem Machtgebrauch gegeben. Alle wichtigen personellen Entscheidungen wie Heirat, Adoption, Vererbung oder Enterbung fanden nach Beratung mit der Verwandtschaft und meist auch mit der Fünfergruppe statt. Der Hausvorstand konnte auch nicht ohne weiteres in das Elternrecht untergeordneter Familien eingreifen und hatte nur beschränktes Verfügungsrecht über das Vermögen der Frau. Dies alles belegt wiederum nicht, daß die ländliche Familie der Tokugawa-Zeit aus gleichberechtigten Mitgliedern bestand. Es herrschte eine klare hierarchische Ordnung, in der der Hausvorstand und sein Nachfolger die oberste Stellung einnahmen. Die Sitte, wonach sich der Hausvorstand ab einem gewissen Alter mit einem eigenen Einkommen und meist auch mit den jüngeren Kindern aufs Altenteil zurückzog, zeigt selbst am besten seine Sonderposition, denn der Rückzug auf das Altenteil stellte den Verzicht auf seine Sonderrechte als Hausvorstand dar. Auch volkskundliche Studien haben die Sonderstellung des Hausvorstands und seiner Frau nachgewiesen. Nur der Hausherr war berechtigt, in der Sitzordnung den ‚yokoza', den Sitz am Kopfende der Tischrunde, einzunehmen.[26] Er wurde bei der Benutzung des Bades bevorzugt und nahm an zentraler Stelle des Hauses einen Raum als Schlafzimmer für sich und seine Frau ein.

Der Zeitpunkt, zu dem sich der Hausherr auf das Altenteil zurückzog, war regional unterschiedlich. Nicht immer gab er in einem bestimmten Alter sofort alle Pflichten ab. Vielfach überließ er zunächst die öffentlichen Aufgaben und später dann diejenigen innerhalb des Hauses seinem Nachfolger. In jedem Fall fand mit der Übergabe der Hausvorstandsposition eine Gewaltentrennung innerhalb des Hauses statt. Der zurückgetretene Hausvorstand war nicht befugt, in die geschäftlichen Angelegenheiten einzugreifen, es wurde lediglich sein Rat gesucht. Nur wenn die Geschäfte des Hauses gefährdet waren, konnte er in Absprache mit den anderen Mitgliedern die Absetzung des Hausvorstands vorantreiben.

Generell muß die Frage nach dem patriarchalischen System auch in der Bauernschicht mit Rücksicht auf die wirtschaftliche Situation des Hauses gestellt werden. Die Position des Hausvorstands eines Haupthauses innerhalb eines Familienverbands war zweifelsfrei gewichtiger als die des Hausvorstands einer unabhängigen vier- bis fünfköpfigen Familie, wie sie sich in der zweiten Hälfte der Tokugawa-Zeit auf dem Land durchsetzte. Dies wird u. a. am Erbsystem deutlich.

Bezeichnenderweise setzte sich die Primogenitur, die Vererbung an den ältesten Sohn, die ja auch bei den samurai eine Stärkung der Hausvorstandsposition mit sich brachte, zunächst in der ländlichen Oberschicht, bei den landbesitzenden Bauern und vor allem in den Haupthäusern eines Familienverbands durch. Die Verantwortung für die Sicherung der Produktionsmittel und des Vermögens des Hauses war hier besonders groß und erforderte um der Kontinuität willen die frühzeitige Festlegung des Erben. Die Regierung unterstützte diese Tendenz und empfahl, Testamente abzufassen. Die Direktive, den Erben möglichst unter den Blutsverwandten auszuwählen, wurde jedoch in der Realität kaum beachtet. Auf dem Land war vor allem die Befähigung Kriterium für die Vererbung.[27] Dies galt besonders für die mittleren und unteren Schichten, wo auch in einigen Regionen die Vererbung an den jüngsten Sohn verbreitet war. Die ältesten Söhne verließen das Haus, dessen Hausvorstand selbst erst zwischen 40 und 50 Jahren alt und noch voll arbeitsfähig war. Entweder gingen sie in die Dienste eines anderen, größeren Hauses oder ließen sich als Adoptivsöhne aufnehmen.

Aus anderen Regionen wiederum ist die Primogenitur ohne Rücksicht auf das Geschlecht (ane-sōzoku) bekannt. Wenn die älteste Tochter das Erbe antrat, wurde ihr Mann, sobald sie heiratete, zum Hausvorstand ernannt. Grundsätzlich konnten auf dem Land die Ehefrau, Mutter oder auch Großmutter vorübergehend den Hausvorstand übernehmen, wenn kein männlicher Erbe vorhanden war. Bei rechtlichen Handlungen mußte ihnen ein männlicher Vormund aus der Verwandtschaft beistehen; es sind jedoch Vertragsdokumente überliefert, bei denen Frauen unterzeichnet haben. In abgelegenen Regionen, wo die Männer sich außerhalb des Dorfes verdingten, ließen sie sich ebenfalls von ihren Frauen als Hausvorstand vertreten. Streitigkeiten darüber, daß die Frauen ihre einmal eingenommene Position als Hausvorstand nicht abgeben wollten, auch wenn ein männlicher Erbe gefunden oder herangewachsen war, bezeugen, daß diese Frauen bedeutend an Selbstbewußtsein gewonnen hatten.

5. „Die Braut hole man sich von der Spüle": Heirat und Ehe auf dem Land

Das Heiratssystem auf dem Land zeigt trotz des einseitigen Scheidungsrechts des Mannes einmal mehr die Grenzen der Autorität des Mannes. In der Oberschicht der landbesitzenden Großbauern war die Heirat eine Angelegenheit zweier Häuser wie bei den samurai und wurde nach Standes- und Vermögensgesichtspunkten entschieden, zumal mit dem Eindringen der Geldwirtschaft der Mitgift der Frau eine immer größere Bedeutung zukam. Aber auch in den weniger wohlhabenden Bauernschichten war die Heirat keine Privatangelegenheit, sondern mußte von den Verwandten und der Fünfergruppe gebilligt werden. Eine offizielle Erlaubnis war nur dann notwendig, wenn die Partner aus verschiedenen Lehnsgebieten stammten. Die Ehe wurde amtlich, wenn sie der Dorfverwaltung mündlich gemeldet und die Frau in das Register (ninbetsuchō) des Mannes aufgenommen war. Tatsächlich existierten jedoch viele Ehen ohne solche Formalitäten.[28]

Die Partnerwahl war auf dem Land relativ frei und weniger fremdbestimmt als in der Oberschicht. Regional bestanden unterschiedliche Bräuche des Kennenlernens unter den Geschlechtern. Junge Männer und Frauen waren meist in eigenen „Jungmännerbünden" (wakamono-gumi) und „Mädchenhäusern" (musumeyado) organisiert, wo sie, ähnlich der europäischen Spinnstube, abends zusammentrafen und, gemeinsame Arbeiten verrichtend (yonabe), ins Gespräch kamen oder durch ältere Mitglieder auf die Ehe vorbereitet wurden. Die Jungmännerbünde übten nicht zuletzt die Kontrolle über den vorehelichen Geschlechtsverkehr (yobai) der unverheirateten Mitglieder aus, der eine Form der Werbung darstellte. Hatte sich ein Paar zur Heirat entschlossen, holte man zunächst die Erlaubnis der Eltern der Braut ein. Wenn diese nicht zustimmten, wurde die Braut gegebenenfalls entführt und versteckt, bis die Einwilligung der Eltern durch Vermittlung einer offiziellen Person – etwa des Tempelvorstehers – erreicht war. Das Heiratsalter lag auf dem Land höher als bei den samurai, da die Arbeitskraft der Kinder länger gebraucht wurde. Bei der Brautwahl war die Arbeitsfähigkeit ein entscheidendes Kriterium. Schon der erste Shōgun, Tokugawa Ieyasu, soll gesagt haben, bei einer Braut möge man darauf achten, daß sie gut weben kann. Da die Kleidung in der Familie hergestellt wurde, war Weben eine unabdingbare Fähigkeit. In einigen Regionen wurde die Braut zunächst mit gesponnener Wolle in ihr Elternhaus zurückgeschickt, wo sie ein Kleidungsstück für den Mann zu weben und zu nähen hatte.[29]

Schon vor der Tokugawa-Zeit war der Übergang von der matrilokalen zur patrilokalen Ehe abgeschlossen. Während bei der matrilokalen Ehe die Scheidung durch das Fernbleiben des Mannes zustande kam, wurde sie nun rechtlich einseitig dem Mann zugestanden. Nur er war berechtigt, den Scheidungsbrief auszustellen. Der Scheidungsbrief trug die Bezeichnung „Dreizeiler" (mikudarihan), da sich eine Kurzform von dreieinhalb Zeilen eingebürgert hatte. Er hatte vor allem den Zweck, eine Wiederheirat der Partner zu ermöglichen.[30]

Ein Scheidungsbrief, der nur für das Volk Pflicht war, lautete zum Beispiel:

Betrifft: Scheidungsbrief
In dieser Angelegenheit habe ich auf meinen Wunsch die Scheidung vollzogen; folglich habe ich keinerlei Einwände, wenn Sie, mit wem auch immer, eine neue Ehe eingehen.
Gerichtet an . . . Der Unterzeichnende

Grundsätzlich brauchte der Grund für die Scheidung nicht angegeben zu werden, was vielfach zu der Schlußfolgerung

Abb. 3: Wollte sich ein Mann scheiden lassen, genügte ein kurzer Brief und die Rückgabe der Aussteuer an die Frau.

geführt hat, die Scheidung sei willkürlich gewesen. Tatsächlich aber waren Scheidung und Heirat die Angelegenheit zweier Häuser und konnten nicht ohne Rücksicht auf die Verwandten beschlossen werden. Schließlich sind auch viele Scheidungsbriefe überliefert, die die Angaben „in Übereinstimmung mit der Frau“ und „auf Bitten der Frau“ enthalten.

Vieles spricht dafür, daß Scheidungsbriefe ohne Nennung von Gründen in gemeinsamer Übereinkunft zustande gekommen sind. Die in der Schrift „Große Lehre der Frauen“ (Onna Daigaku) erwähnten sieben Scheidungsgründe sind in den überlieferten Scheidungsbriefen nicht nachgewiesen, und es gibt keinen Hinweis darauf, daß diese sieben Gründe für das Abfassen eines Scheidungsbriefes notwendig waren.[31]

Das „Ritsuryō yōryaku", ein Kompendium der Rechtssprechung aus dem Jahr 1741, stellte demgegenüber vier Bedingungen zusammen, unter denen die Frauen sich scheiden lassen konnten:

1. Wenn der Mann ohne die Einwilligung der Frau ihre Aussteuer wie Kleidung o. ä. verpfändet hatte;
2. Wenn die Frau drei bis vier Jahre in ihrem Elternhaus gelebt hatte, ohne daß der Mann ihre Rückkehr forderte;
3. Wenn die Frau aus Abneigung gegen den Mann die Tonsur nahm, der Behörde und ihrem Mann den Wunsch auf Scheidung kundtat und lebenslang in einen Tempel ging;
4. Wenn die Frau aus Abneigung gegen den Mann in einen Nonnentempel floh und dort drei bis vier Jahre Dienst tat.[32]

Nach späteren Quellen kommt noch die Berechtigung hinzu, geschieden zu werden, wenn der Mann zehn bis zwölf Monate verschwunden war. Die Frauen flohen außer in buddhistische Tempel und shintōistische Schreine oft auch in größere samurai-Häuser, wo sie sich verpflichteten, Dienst zu tun. Offenbar um Kontrolle über diese Art der Selbsthilfe zu erlangen, erkannte die bakufu-Regierung 1742 zwei Nonnentempel als offiziellen Zufluchtsort (engiri-dera) an, wo die Frauen nach zwei bzw. drei Jahren Dienst eine Scheidung erreichen konnten.[33]

Kinderlosigkeit mußte nicht unbedingt ein Scheidungsgrund sein, da der Mann in diesem Fall eine Nebenfrau nehmen konnte. So heißt es auch im „Onna Daigaku":

> „Eine Frau soll geschieden werden, wenn sie kinderlos bleibt; denn der Zweck der Ehe ist, Nachkommen zu zeugen. Aber wenn eine solche Frau aufrichtig, anständig und frei von Eifersucht ist, mag sie ruhig als Frau bleiben und ein Kind aus der Verwandtschaft aufziehen; auch braucht sie nicht geschieden zu werden, wenn von einer Nebenfrau ein Kind vorhanden ist."[34]

Die Sitte, sich eine Nebenfrau zu nehmen, war aus wirtschaftlichen Gründen im Volk wenig verbreitet, statt dessen adoptierte man eher einen Erben. Sprichwörter und satirische Gedichte (senryū) der Tokugawa-Zeit belegen, daß das Verhältnis der Ehepartner im Volk pragmatisch und emotional war: „Die Braut hole man sich am besten direkt von der Spüle" besagte, daß einer reichen Frau eher die ans Arbeiten gewöhnte arme vorzuziehen sei. Die Mitgift der Braut war gewissermaßen ein Pfand, das die Eltern für sie eingelöst hatten. Wenn die Frau schuldlos geschieden werden sollte, mußte der Mann, so war es gesetzlich festgelegt, zunächst das Vermögen, das sie mit in die Ehe gebracht hatte, zurückzahlen.[35] Im Gegensatz zur Oberschicht bestand zwischen der Braut und ihrem Elternhaus auf diese Weise auch nach der Heirat noch eine Bindung. Das Sprichwort „Die Katze und die Braut hole man sich nicht aus der Nachbarschaft" deutet an, daß die Flucht der Braut immer miteinkalkuliert werden mußte. In einigen Regionen schloß man sogar Sonderverträge bei der Heirat ab, die für den Fall der Scheidung eine Entschädigungssumme festsetzten.[36] Einer durch das Gesetz möglichen Willkür des Mannes bei der Anwendung seines Scheidungsrechts waren also praktisch Grenzen gesetzt. Dies zeigen auch Gerichtsurteile, in denen einem Mann, der sich wegen einer anderen Frau von seiner Ehefrau trennen wollte, die neue Ehe untersagt wurde.[37] Dennoch ist die Tatsache nicht zu leugnen, daß die Frau der Tokugawa-Zeit in ihrem Recht auf Scheidung stark benachteiligt und stets auf die Hilfe Dritter angewiesen war.

Die Frau eines ländlichen Haushalts hatte durch ihre Beteiligung am Arbeitsprozeß durchaus keine geringe Position, zumal dann, wenn sie als Frau des Hausvorstands mit der Leitung des internen Haushalts betraut war. Sie nahm in der Sitzordnung den Platz neben dem Hausherrn ein und übte die „Hausfrauengewalt" (shufuken) aus, die unter anderem in der Zuteilung der Mahlzeiten Ausdruck fand. Ging die „Hausfrauengewalt" von der Schwiegermutter an die Schwiegertochter über, so fand dies in der Übergabe des Hausfrauensitzes und des Reisspatels statt, mit dem der Reis an die Mitglieder des Hauses ausgeteilt wurde.[38]

Für den Mann auf dem Land war die Frau in erster Linie Arbeitspartnerin. „Die Frau und das Küchenbrett kann man nicht entbehren", „Die Frau ist der Schatz des Hauses", „Allein kann man nicht essen, aber zu zweit" lauten einige Sprichwörter dieser Zeit.[39] Aber auch aus offizieller Sicht wurde die Zusammenarbeit von Mann und Frau gefordert. So heißt es in einem berühmten Edikt von 1649:

„Während die Männer die Felder bestellen, sollen die Frauen am Webstuhl arbeiten; am Abend sollen beide Heimarbeit verrichten. Eine Frau, die hübsch ist, aber ihren Mann vernachlässigt, indem sie an Teezeremonien und Ausflugsveranstaltungen teilnimmt, soll geschieden werden, es sei denn, sie hat viele Kinder geboren und der Mann hat ihr von früher her viel zu verdanken. Wenn eine Frau wiederum nicht hübsch ist, aber gut für den Haushalt des Mannes sorgt, soll sie unbedingt freundlich behandelt werden."[40]

Im Gegensatz zur Oberschicht ging es hier nicht primär um die Unterordnung der Frau unter den Mann, sondern um ihre Arbeitskraft. Nach diesem Edikt ist ihre Domäne das Haus, tatsächlich aber arbeitete sie auch auf den Feldern und half bei Waldarbeiten. Von ihr wurde – wie vom Mann – äußerste Sparsamkeit gefordert.

Das Edikt bestimmte die Lebensformen der Bauern bis hin zur Kleidung und Eßgewohnheit. Anstelle von Reis war ihnen nur erlaubt, Hirse und Weizen zu essen, und dies auch nur mäßig. Lediglich zur Pflanz- und Erntezeit durfte etwas mehr gegessen werden. Waren die Bauern nicht in der Lage, ihre Abgaben zu leisten, wurde ihnen vom Lehnsherrn nahegelegt, ihre Kinder in die Dienste anderer Familie zu verkaufen. Um die Familie aus der größten Not zu retten, erklärten sich nicht selten die Ehefrauen bereit, in ein Bordell zu gehen. Verkaufte sie ihr Mann jedoch gegen ihren Willen, mußte er mit Bestrafung rechnen. Eine weitere Notmaßnahme der Bauern war das sogenannte ‚mabiki', das Töten von Säuglingen.[41] Die Ausbeutung der Bauern in der Tokugawa-Zeit betraf beide Geschlechter gleichermaßen und nicht zuletzt auch ihre Kinder.

6. *Die Familie der Stadtleute (chōnin)*

Schon bei den Bauern war in der Handhabung der Adoption, der Scheidung und der Möglichkeit der Absetzung des Hausvorstands deutlich geworden, daß das Familienleben nicht so sehr wie bei den samurai von formalen als von pragmatischen Regeln beherrscht war. An oberster Stelle stand das Gedeihen des ie, des Hauses, zur Ehre der Ahnen, aber auch zum Wohl der lebenden Mitglieder und deren Nachkommen. Das pragmatische Prinzip kam bei den Städtern, deren wirtschaftliche Prosperität wechselvoller war als auf dem Land, noch stärker zum Tragen.

Während die Bauern in der zweiten Hälfte der Tokugawa-Zeit vielfach ihr Land verließen und Pächter oder Tagelöhner wurden, setzte sich die Prosperität der Stadtleute weiter fort, auch wenn sie jetzt Abgaben leisten mußten und stärkeren Einschränkungen seitens der Regierung unterworfen waren. Sie führten einen aufwendigen Lebensstil, der von dem der samurai so abstach, daß die Regierung wiederholt Anti-Luxusgesetze erließ. Das Abhängigkeitsverhältnis zwischen den samurai als Käufern und Kunden und den Stadtleuten als Verkäufern und Anbietern war voller Widersprüche. Die Stadtleute verfügten über die wirtschaftliche Macht, und nicht wenige samurai waren ihre Schuldner. Politisch hatten sie jedoch keinerlei Einfluß und waren zum Beispiel den finanzpolitischen Maßnahmen der samurai ausgeliefert. Viele samurai, die selber ein Gewerbe begannen, scheiterten und wurden zum Gespött der Stadtleute. „Warum sollten die samurai zu beneiden sein?" fragten jetzt die Stadtleute, für die ursprünglich nichts erstrebenswerter war, als den Rang eines samurai – gegebenenfalls käuflich – zu erwerben.[42] Sie registrierten empfindsam die Umkehrung der Strukturen und den Anachronismus der Etikette der samurai – auch wenn sie immer noch ihre Töchter in die Dienste der samurai-Familien schickten, damit sie eben diese Etikette erlernten.

Einer der bedeutendsten Denker der Tokugawa-Zeit, Motoori Norinaga (1730–1801), kritisierte öffentlich die samurai-Moral: Nicht einmal bei Tieren, Steinen, Pflanzen gäbe es das, was man von einem Krieger verlange, nämlich, daß er für sein Land sterben sollte, ohne dabei an Frau und Kinder in der Heimat zu denken. Es sei bedauerlich, daß die eigentliche japanische Menschlichkeit (wa) verloren gegangen sei zugunsten starrer Etikette.[43]

Die Stadtleute scheuten sich nicht, die Gefühle zwischen Mann und Frau zu zeigen, was unter den samurai tabuisiert war. „Das ist der wahre Weg, daß der Mann die Frau und die Frau den Mann liebt und daß beide innig miteinander vertraut sind. Die Liebe der Eheleute (fufu no nasake) ist echt, wenn sie in den Augen der anderen überschwenglich erscheint. Angebliche Rücksicht und Verstecken der Liebe heißt, daß sie verlogen ist" schrieb Masuho Zanko (1655–1742), ein fortschrittlicher Denker dieser Zeit. Und der Dramatiker Chikamatsu läßt einen Mann in einem seiner Dramen ausrufen: „Die eigene Frau lieben – ist das schlecht, ist das schändlich, ist das der Untergang der samurai?"[44] In Opposition zur formalisierten Etikette entwickelten die chōnin, nicht zuletzt in der Kultur der Freudenviertel, einen eigenen Lebensstil, der in gewisser Weise auch ihre politische Machtlosigkeit zeigte.

Die Familien der Stadtleute ähnelten den bäuerlichen in der Tendenz, Kleinfamilien zu bilden, deren Mitglieder alle an dem häuslichen Betrieb beteiligt waren. Wie auf dem Land formierten die größeren Kaufmanns- oder Handwerkshäuser weniger Großfamilien als in Gestalt des ‚dōzoku' einen Verband aus Kleinfamilien, die mehr oder weniger unabhängig arbeiteten, aber, unter dem Schutz des Haupthauses stehend, mit zu dessen wirtschaftlichem Wachstum und zur Erweiterung seines Kundenkreises beitrugen. Ein Haus wohlhabender Kaufleute oder Handwerker bestand gewöhnlich aus Verwandten und Angestellten, die mit im Haus lebten und als Familienmitglieder zählten. In Kaufmannsfamilien war es üblich, die eigenen Kinder schon mit acht Jahren, in Handwerksfamilien mit elf bis dreizehn Jahren in eine fremde Familie in die Lehre zu geben. Als ‚kozō' oder ‚bōzu' (Kerlchen, Bürschchen) verrichteten sie einfache Arbeiten; mit 15 Jahren wurden sie Lehrling (tedai), erhielten einen eigenen Rufnamen und übernahmen Tätigkeiten mit Verantwortung. Sie erhielten aber noch keinen Lohn, sondern lediglich Unterkunft, Verpflegung und Geschenke zu den Festen. Dann dauerte es mindestens noch acht Jahre, bis sie in den höchsten Rang des Lehrlings, den des ‚bantō' aufstiegen.

Im Alter von 30 Jahren schließlich war jemand berechtigt, die Leitung zu übernehmen und auch zu heiraten.[45] Meist zu diesem Zeitpunkt wurde mit Erlaubnis des Haupthauses ein Zweighaus gegründet, ‚bunke' oder ‚bekke' genannt, mit einem Zweigbetrieb, der den Namen des Haupthauses trug. Letzteres garantierte von vornherein ein gewisses Ansehen bei den Kunden, andererseits blieb aber auch die verpflichtende Beziehung zum Haupthaus bestehen. In allen entscheidenden geschäftlichen Angelegenheiten wurde der Vorstand des Haupthauses zu Rate gezogen, nicht zuletzt bei familiären Veränderungen wie Heiraten oder Adoptionen. Der bantō eines Kaufmanns- und Handwerkerhauses konnte eine bedeutende Position einnehmen, wenn er als Adoptivschwiegersohn aufgenommen oder zum Vormund einer Witwe ernannt wurde, die den Hausvorstand führte, denn für alle rechtlichen Handlungen mußte sie einen Vormund heranziehen.

Die Frauen in den Städten profitierten von dem Wohlstand ihrer Schicht und den kulturellen Anreizen, die das Stadtleben bot. Sie wetteiferten miteinander in ihrem modischen Auftreten und delektierten sich am Kabuki-Schauspiel, dessen Darsteller sie verehrten, wie heute Film- oder Schlageridole verehrt werden. Zeitgenössische Verfasser von „Ukiyo-zōshi", einem Genre der damaligen Erzählliteratur, wie Ihara Saikaku (1642–1693) und Ejima Kiseki (1667–1736), prangerten neben den Ausschweifungen der Männer in den Freudenvierteln auch die Extravaganzen der chōnin-Frauen an, die deren Männern oft zum Verhängnis wurden. „Wie dem auch sei, eines muß gesagt werden", folgert Saikaku in einer seiner Erzählungen, „unter dem Einfluß der Freudenviertel ziehen sich die Frauen heute an wie professionelle Unterhalterinnen. Die

Frauen von renommierten Textilfachleuten, die in der Öffentlichkeit mit ‚gnädige Frau' angesprochen werden, sind gekleidet wie hochrangige Kurtisanen (geishas), während die Frauen aus kleineren Stoffläden, die früher als Gehilfinnen arbeiteten, gerade wie Kurtisanen einen Grad darunter aussehen."[46] In seinem posthumen Werk „Saikaku oridome" (Saikakus Webschluß) beklagt die Mutter eines jungen Hausvorstands, daß das Familiengeschäft, das sie und ihr Mann mühsam aufgebaut haben, durch den aufwendigen Lebenswandel der jungen Braut heruntergekommen sei, ohne daß diese auch nur davon ahne. Angefangen von der Unterwäsche kleide sie sich täglich in Seide und pudere sich das Gesicht mit einem Puder, der sonst nur von Frauen am Kaiserpalast verwandt werde. Verständlich sei, die besten Kleider zu tragen, wenn man ausgehe, wo alle elegant gekleidet seien, aber in demselben Aufzug im Haus herumzustolzieren, sei nutzlose Extravaganz. Sogar in den Freudenvierteln werde man in gewöhnlicher Kleidung willkommen geheißen, wenn man nur genug Geld habe, und dies werde sogar als weise geschätzt.[47] Ejima Kiseki, der in seinen satirischen Erzählungen gerne übertreibt, behauptet, daß es sich die Frauen nicht nehmen ließen, sogar zu Ringkämpfen zu gehen, und „während früher, abgesehen von den Kurtisanen, das Rauchen unter dem weiblichen Geschlecht unbekannt war, sind (heute) Frauen, die nicht rauchen, so selten wie Mönche, die fasten."[48]

Auch westliche Ausländer registrierten gegen Ende der Tokugawa-Zeit das selbstbewußte Auftreten der Städterinnen:

„Die Position der Frauen in Japan ist offenbar anders als in allen anderen Ländern des Ostens und kommt eher derjenigen in Europa gleich. Die japanischen Frauen werden nicht eifersüchtig von der Welt abgeschirmt, haben eine gewisse Stellung in der Gesellschaft und teilen in allem die harmlosen Vergnügungen ihrer Väter und Ehemänner ... Der Sinn der Frauen ist nicht weniger sorgsam kultiviert als der der Männer; und unter den am meisten geachteten Historikern, Moralisten und Dichtern finden sich mehrere Frauennamen. Die japanischen Frauen werden als allgemein lebhafte und angenehme Partner beschrieben, und die Leichtigkeit und Eleganz ihres Benehmens wird hoch gerühmt."[49]

Abb. 4: Die Ehefrauen von Handwerkern und Kaufleuten waren oft noch geschäftstüchtiger als ihre Männer. Nicht selten blieb es der Frau überlassen, die Schuldner zu empfangen und zu beschwichtigen, während sich der Mann versteckte.

Die so überlieferten Beobachtungen dürften sich jedoch lediglich auf die Frauen der städtischen Oberschicht beziehen. Daneben sind jene nicht zu vergessen, die mit riesigen Körben auf dem Rücken von Haus zu Haus zogen und Fische oder Kurzwaren zum Verkauf anboten und so ihre Familien ernährten, während die Männer auswärts arbeiteten oder auf See unterwegs waren.

Die Frau des Hausvorstands eines Handwerker- oder Kaufmannshauses hatte zwar nicht die privilegierteste, wohl aber die stärkste Position innerhalb der Familie der Tokugawa-Zeit inne. Sie nahm aktiv an dem häuslichen Unternehmen teil, indem sie die Kunden bewirtete und die Angestellten überwachte und anleitete. Meist waren die Frauen nicht weniger geschäftstüchtig als ihre Männer und diesen oft sogar die letzte Stütze, wenn sie zu Jahresende von Gläubigern belagert wurden. Auch diese Situation hat Saikaku in seine Beobachtungen der Kaufmannsschicht aufgenommen. So schildert er in „Seken munezanyō“, wie die Frau eines Händlers die Gläubiger ihres Mannes in der Neujahrsnacht in die Flucht schlägt, indem sie ihnen zusammen mit ihrem Gehilfen eine Lügengeschichte von einem Raubüberfall auf ihren Mann vorspielt und sie resignierend zur Rückkehr veranlaßt. Der Mann hatte indessen im Hinterzimmer gelegen und voller Anteilnahme die Geschichte eines herrenlosen samurai gelesen, der seine Frau und Kinder tötet, weil er nicht weiß, wie er sie im neuen Jahr ernähren soll.[50]

Ein historisches Beispiel für die Tatkraft einer Frau bietet das Haus Mitsukoshi, das auch heute noch eines der angesehensten Kaufhäuser in Japan ist. Seine Geschäftsanfänge gehen auf die Initiative der Witwe eines ehemaligen samurai-Beamten zu Beginn des 17. Jahrhunderts zurück. Neben dem Sake-Geschäft ihres Mannes begründete sie, wie es häufig bei reichen Kaufleuten der Tokugawa-Zeit der Fall war, das Geschäft mit Geld- und Pfandverleih und zog dann einen Stoffhandel auf. Ihr eigentlicher Name ist nicht überliefert, statt dessen aber ihre Sparsamkeit, die sie zögern ließ, einen noch so abgenutzten Gegenstand wegzuwerfen.[51]

Die Selbständigkeit der städtischen Frauen war nicht zuletzt auch im Erbsystem begründet. Im allgemeinen wurden das Geschäft, der Name des Hauses und das Hauptvermögen sowie der Grundstock der Kunden an einen männlichen Erben weitergegeben. Bei der Aufteilung des Geldvermögens erhielten jedoch die anderen Kinder, auch die Töchter, ihren Anteil. Die Töchter brachten bei ihrer Heirat Geldvermögen mit in die Ehe, über das der Mann nur bedingt verfügen konnte, da er es zurückzahlen mußte, falls er sich scheiden lassen wollte. Den Hausvorstand konnte eine Witwe oder Tochter nur solange führen, bis ein Ehemann oder Adoptivsohn aufgenommen wurde. In manchen Regionen wurde eine Frist für diese Übergangszeit festgesetzt.

Die Haushalte der Städter reagierten am flexibelsten auf die wirtschaftlichen Veränderungen ihrer Zeit, die Mobilität ihrer Familienmitglieder war am größten. Je nach wirtschaftlicher Notwendigkeit schloß man sich zu neuen Familienverbänden zusammen oder machte sich unabhängig, da die Abhängigkeit von den Produktionsmitteln weit geringer war als auf dem Land. Das bedeutete aber auch, daß sich das alte Familiensystem, das ie, in der Städterschicht am frühesten auflöste. Der Konkurrenzkampf hielt sich nicht an traditionelle Bindungen und Werte. Ein erstes Anzeichen war ein starker Rückgang der Adoptionen unter den Städtern, im Gegensatz zu den samurai. Zeitgenössische Autoren beklagten, daß damit der Name eines Hauses schnell verloren ginge, weil niemand mehr an der Fortführung der Linie interessiert sei. Auch wollten die jüngeren Söhne lieber eine eigene, unabhängige Existenz gründen, als sich in ein fremdes Haus adoptieren zu lassen.[52] Ebenso wurde die Vernachlässigung der Eltern durch die Kinder beklagt – ein Verstoß gegen eines der obersten konfuzianischen Gebote. „Ach, es ist beser, in diesen Zeiten überhaupt keine Kinder zu haben", lamentierte der Holzschnitt- und Kupferstichmeister Shiba Kōkan (1747–1818). Der Rückgang der Ehrerbietung von seiten der Kinder (kō) war so auffallend, daß die Regierung sich bemüßigt sah, besonders „ehrerbietige Personen" offiziell mit Geld oder mit der Verleihung eines Ehrennamens auszuzeichnen.[53] Das Profitstreben hatte am Ende der Tokugawa-Zeit die Tradition des ie als eines die Generationen überdauernden Hauses in der städtischen Bürgerschicht vielfach verdrängt.

7. Schattenseiten des Familiensystems

Die Tokugawa-Zeit ist uns aus der Malerei und Literatur als eine Kultur der Kurtisanen und Freudenviertel bekannt. Tatsächlich stellt diese „Welt der Vergänglichkeit" (ukiyo) aber nur einen kleinen Ausschnitt aus dem vielschichtigen gesellschaftlichen Leben dar. Wenn ein Mädchen im jugendlichen Alter von seinen Eltern aus wirtschaftlicher Not an einen Bordellbesitzer verkauft worden war, hatte es auch bei befristetem Vertrag kaum eine Chance, dieser Welt wieder zu entfliehen – es sei denn, es wurde durch einen Gönner freigekauft, um dessen Nebenfrau zu werden. Tragisch wurde die Situation, wenn ein echtes Liebesverhältnis zwischen einem Paar entstand, das jedoch ohne Aussicht war, ein gemeinsames Leben zu beginnen, entweder weil der Mann nicht über die finanziellen Mittel verfügte, um die Frau auszulösen, oder weil soziale Hindernisse bestanden. Der große Dramatiker der Tokugawa-Zeit Chikamatsu Monzaemon (1653–1724) hat die Verwicklungen von Gefühl und sozialen Umständen in seinem berühmten Drama „Shinjuten no amijima" (Liebestod in Amijima) eindrucksvoll dargestellt. Da die beiden weiblichen Protagonisten den Widerstreit zwischen Gefühl und gesellschaftlichen Zwängen in typischer Weise wiedergeben, soll der Hergang des Dramas kurz skizziert werden: Der Papierhändler Jihei hat sich in die hübsche junge Kurtisane Koharu verliebt, und sie erwidert seine Liebe. Ihre Situation scheint jedoch ausweglos, da Jihei, der Frau und Kinder hat, sie nicht auslösen kann. Er hat seiner Familie wegen seines Verhältnisses zu Koharu bereits große Schande gebracht. Beide beschließen, gemeinsam in den Tod zu gehen. Da gibt Koharu, die inzwischen einen Bittbrief von Jiheis Frau Osan erhalten hat, plötzlich einem Gast gegenüber vor, sie wolle eigentlich nicht sterben, wohl wissend, daß Jihei dieses Gespräch aus einem Versteck mitanhört. Sie möchte erreichen, daß sich Jihei von ihr trennt und sein Leben sowie die Ehre seiner Familie gerettet werden. Dieser läßt sich tatsächlich täuschen und kehrt zu seiner Frau zurück. Bald darauf erfährt Osan, daß Koharu sich von einem neureichen Emporkömmling namens Tahei hat freikaufen lassen, und sie ahnt, daß Koharu auf diese Weise einen Weg sucht, sich das Leben zu nehmen. Überzeugt, Koharu sei nur zu retten, wenn ihr Mann, Jihei, sie freikaufe, hat Osan alle Habseligkeiten beim Pfandhändler eingelöst; da erscheint ihr Vater, der sie ob der Schande durch Jihei gewaltsam in ihr Elternhaus zurückholt. Jihei schlußfolgert, Osan habe ihn verlassen wollen und läuft zu Koharu. Beide nehmen sich auf der Insel Amijima das Leben; Osans Opfer war umsonst.

Neben Jihei treten Osan und Koharu in dem Drama als starke Persönlichkeiten in Erscheinung, die beide auf ihre

Weise bereit sind, sich für das ie zu opfern. Auf den Appell Osans hin hatte Koharu sich entschlossen, zugunsten Jiheis Familie zurückzutreten. Osan, die Haltung der traditionellen, stets nachgiebigen Frau einnehmend, hatte lange versucht, das Geschäft des Hauses allein zu verwalten und die Familie vor der Schande zu bewahren. Als sie gewahr wird, daß Koharu auf Jihei verzichten, aber dafür in den Tod gehen will, versucht sie, sie aus menschlichen, aber auch aus sozialen Motiven zu retten, denn der Tod Koharus wäre ein Skandal gewesen, der wiederum Auswirkungen auf Jiheis Familie gehabt hätte. Die Frauen verkörpern eine Tragik, die durch die starren Schranken des gesellschaftlichen Systems entstanden ist. Die eine, zum Dasein der sexuellen Sklavin verdammt, verwickelt sich in emotionale Konflikte, die andere, zum Ausharren und geduldigen Ertragen bestimmt, versucht mit allen Mitteln, die Ehre des Hauses ihres Mannes zu retten.[54]

8. Die Bedeutung der Verwandtschaft

Die Stellung der Frau und des Hausvorstands verdeutlichen die Unterschiede in den Familien oder Familienverbänden der verschiedenen sozialen Schichten. Sie beruhten vor allem auf dem Umfang der Beteiligung der einzelnen Familienmitglieder an der Sicherung des Lebensunterhalts. Das Gruppenbildungsprinzip, das einer Familie unter der Bezeichnung ie zugrunde lag, galt für alle Schichten. Nicht die verwandtschaftliche Beziehung war primär konstitutiv für das ie, sondern das Zusammenleben und -arbeiten der Mitglieder unter einem Dach und ihre Orientierung an einem gemeinsamen genealogischen Ursprung. Im Kern bildete das ie meist eine Verwandtschaftsgruppe. Je kleiner das Haus, desto geringer war die symbolhafte Rückführung auf die Ahnen, desto stärker aber auch die Bereitschaft, sich als Ganzes in eine größere Gemeinschaft einzufügen. Dies versprach unmittelbarer Nutzen, nämlich die Teilhabe an den Produktionsmitteln und gleichzeitig Schutz vor willkürlichen Übergriffen der Feudalverwaltung.

Damit ist jedoch nicht gesagt, daß die Verwandtschaft in der Tokugawa-Zeit keinerlei Rolle spielte. Regierungsbestimmungen wie die, der Adoptivsohn sei aus dem Kreis der Verwandten zu wählen, zeigen, daß die Regierung Wert auf verwandtschaftliche Beziehungen legte. Auch in einem städtischen Kaufmannshaus hatte ein bantō, der verwandt war, eine höhere Position als ein nicht verwandter, es sei denn, er war unfähig, die Geschäfte erfolgreich zu führen. Auch die Tendenz unter den Stadtleuten, die Gründung von Zweighäusern in erster Linie Verwandten vorzubehalten, deutet auf deren Bevorzugung. Für die zweite Hälfte der Tokugawa-Zeit ist festzuhalten, daß die Familienverbände (dōzoku) sich verstärkt aus verwandten Häusern zusammensetzten, da derartige Beziehungen den einzelnen Kleinfamilien offenbar am ehesten Schutz garantierten.

9. Staat und Familie

Mit dem Recht auf Sippenhaft (enza) konnte der Staat tief in die Familien der Tokugawa-Zeit eingreifen – die Familienmitglieder mußten bei einem Vergehen des Hausvorstands mithaften. Nicht wenige Forscher sehen in der Aufhebung der Sippenhaft im Volk Anfang des 18. Jahrhunderts den Beginn der „modernen“ Familie, nämlich der Familie als autonomer Gruppe. In der samurai-Schicht war die Kontrolle der bakufu- und han-Regierung zum Beispiel bei Heiraten oder Scheidungen fraglos groß.

Anders war dies im allgemeinen Volk. Abgesehen von der Sippenhaft und der Beschränkung des Erbes endete die direkte Eingriffssphäre der Feudalverwaltung beim Dorf. Bei kriminellen Vergehen eines Familienmitglieds waren die Fünfergruppen der Dorfverwaltung gegenüber verantwortlich und nicht direkt dem Lehnsherrn. Sowohl die Fünfergruppen als auch die Dorfverwaltung konnten selbstregulierend eingreifen und Ausgleiche erwirken, bevor eine Angelegenheit zum Rechtsfall wurde. Auch vermittelten sie bei innerfamilialen

Streitigkeiten. Da die Steuerlast durch die dörfliche Gemeinschaft autonom verteilt wurde, waren der Willkür von oben Grenzen gesetzt. Die Bestimmung, wonach der Wohnort nicht frei gewechselt werden durfte, wurde, wie es Dorfstudien der Tokugawa-Zeit gezeigt haben, nicht immer streng befolgt. Zumindest auf dem Land reichte die direkte staatliche Kontrolle nicht bis ins Haus; auch bei der Registrierung der Haushalte wurde sie oft unterlaufen.

II. Japans Entwicklung zum Industrie- und „Familienstaat" (1868–1945)

1. Die Meiji-Restauration in ihren Auswirkungen auf die Familie

Die sogenannte Meiji-Restauration von 1868, mit der der Kaiser wieder in seine Position als Staatsoberhaupt eingesetzt und der bakufu-Herrschaft ein Ende bereitet wurde, brachte zwar die Befreiung von den sozialen Schranken des Feudalsystems, paradoxerweise aber nicht die Befreiung des einzelnen vom ie-System. Dieses geriet vielmehr mit der Einführung eines nationalen Rechtssystems stärker als je zuvor unter die staatliche Einflußsphäre und wurde schließlich auch zum Stützpfeiler nationaler Ideologie. Beide Ebenen sollen, da sie für die Entwicklung Japans im 20. Jahrhundert von entscheidender Bedeutung sind, eingehend behandelt werden.

Als Japan Mitte des 19. Jahrhunderts durch die USA gewaltsam gezwungen wurde, seine Häfen für ausländische Schiffe zu öffnen und Handelsverträge mit den westlichen Nationen abzuschließen, hatten diese sogenannten „ungleichen Handelsverträge" indirekt auch Auswirkungen auf die rechtliche Verfassung der japanischen Familie. Die in den Verträgen enthaltene Klausel über die Exterritorialität beraubte Japan seiner nationalen Souveränität. Der Regierung unter dem Kaiser Meiji war folglich daran gelegen, so schnell wie möglich die Revision der Handelsverträge zu bewirken, wofür die westlichen Mächte jedoch die Einführung eines den westlichen Vorstellungen entsprechenden Rechtssystems als Bedingung gestellt hatten. Im Rahmen des Zivilrechts war Japan nun erstmals vor die Aufgabe gestellt, Maßgaben zur „Familie" zu statuieren.

Die Diskussion, die in diesem Zusammenhang unter Politikern und Rechtsgelehrten ausbrach, zeigte, daß mit der rechtlichen Definition der Familie ein neuralgischer Punkt im Selbstverständnis der Japaner berührt war. Für die Traditionalisten war die japanische Familie eine spezifische eigene Kulturschöpfung, die es unbedingt zu bewahren galt; für die vom Westen beeinflußten, aufklärerischen Denker dagegen war die Überwindung des alten Familiensystems in Gestalt des ie die Voraussetzung für die Modernisierung des Landes überhaupt.

Abgesehen von der Wiedereinsetzung der kaiserlichen Macht stellte die Meiji-Restauration eine mehr oder weniger radikale Reform des politischen und sozialen Systems von oben dar, jedoch allein mit dem Ziel, den wirtschaftlichen und militärischen Vorsprung des Westens so schnell wie möglich aufzuholen (fukoku kyōhei). Um die notwendigen Impulse dafür geben zu können, mußten zunächst die Verwaltung zentralisiert und die finanziellen Einnahmen der Regierung gesichert werden. Als erstes ging man daran, durch das „Personenstandsgesetz" (kosekihō) im Jahr 1871 die Erfassung der zu besteuernden Haushalte zu regeln und das Steuersystem zu erneuern.

Mit dem „Personenstandsgesetz" wurde der „Haushalt" (ko) als aus dem „Hausvorstand" (koshu) und seiner „Familie" beziehungsweise „Verwandtschaft" (kazoku) bestehend definiert. An erster Stelle führte das „Hausregister" (koseki) den Hausvorstand und seine Ehefrau, danach die Verwandten in aufsteigender Linie (Eltern und Vorfahren) väterlicherseits vor den Verwandten der absteigenden Linie (Kinder, Enkel), womit man dem konfuzianischen Gebot folgte, Alter und männliches Geschlecht voranzustellen. Nicht verwandte Personen, die in der Tokugawa-Zeit als ‚yakkai' geführt wurden, waren jetzt nur noch in einer Art „Anhang" (fuseki) aufgenommen. Da auch die Verwandten der Seitenlinie einbezogen werden konnten, auch wenn sie einen eigenen Haushalt bildeten, war das Familienkonzept des „Personenstandsgesetzes" theoretisch das einer Großfamilie. Tatsächlich aber war die Familie der Meiji-Zeit nicht größer als die der Tokugawa-Zeit, sondern eher kleiner.

Der Hausvorstand war nach dem „Personenstandsgesetz" verpflichtet, alle personellen Veränderungen innerhalb des Hauses zu melden. Aber wie schon in der voraufgegangenen Epoche wurden diese Meldungen auch umgangen, und oft wurden die Register im Hinblick auf die Steuer- und Wehrerfassung vorsätzlich gefälscht.[1] 1886 brachte die Regierung deshalb einen Erlaß heraus, wonach „alle, die ein Haus konstituieren" als „ko" zu besteuern seien. Ungeachtet der juristischen Definition wurde damit die tatsächliche Familie erfaßt. Diese Trennung der Familie, „de jure" und „de facto", ist schon 1877 nachgewiesen.[2] Das Innenministerium praktizierte sie, als es 1882 festlegte, daß Grundstücksbeglaubigungen nicht unbedingt vom Hausvorstand, sondern auch vom Eigentümer unterzeichnet werden könnten. Die spätere Gesetzgebung hat sich jedoch nicht an der tatsächlichen Familie orientiert, sondern an der juristischen, was die Diskrepanz zwischen beiden noch vertiefte.

Weitere, die Familie betreffende Gesetze der ersten Jahre der Meiji-Ära waren das „Schulgesetz" (gakusei) von 1872, das die Schulpflicht für alle Kinder vorsah, und das Wehrpflichtgesetz von 1873. Da mit dem Vollzug beider Gesetze wichtige Arbeitskräfte vom Land abgezogen wurden, stießen sie in der Bevölkerung auf heftigen Widerstand und lösten in einigen Regionen sogar Aufstände aus. Insbesondere das Wehrpflichtgesetz wurde als „Blutsteuer" verstanden und nach Möglichkeit umgangen.

Die Regierung konnte die Schwierigkeiten für die ländlichen Haushalte nicht ignorieren und führte Ausnahmeregelungen ein, wonach ein Hausvorstand, ein designierter Hausvorstand, ein Einzelkind oder ein Vertreter des Hausvorstands sowie ein als Erbe eingesetzter Adoptivsohn von der Wehrpflicht ausgenommen werden konnten. Anfangs wurde es mit der Wichtigkeit der Ahnenbetreuung durch den Hausvorstand begründet; bald stellte sich aber heraus, daß es der Regierung vor allem um die Erhaltung des ie, des Hauses, als Produktionseinheit ging.[3] Hierfür spricht auch eine andere Regelung aus derselben Zeit, wonach erstmals die Auflösung eines ie zugelassen war, wenn der Hausvorstand in ein anderes, besser gestelltes Haus adoptiert wurde. Ein wirtschaftlich desolates Haus sollte demnach nicht um jeden Preis der Ahnen wegen aufrecht erhalten werden müssen.

2. Die rechtliche Stellung des Hausvorstands zu Anfang der Meiji-Zeit (1868–1912)

Die Stellung des Hausvorstands (koshu) vor dem Inkrafttreten des Meiji-Zivilgesetzbuches verdient besondere Aufmerksamkeit. Gemeinhin wird angenommen, daß die Gesetze der Meiji-Zeit die Position des Hausvorstands gemäß derjenigen innerhalb der samurai-Familie der Tokugawa-Zeit rechtlich festlegten. Bei genauerer Prüfung stellt sich jedoch heraus, daß die Verfügungsgewalt des Hausvorstands über die Familienmitglieder größer war als in der Tokugawa-Zeit und auch größer als nach dem Zivilgesetzbuch von 1898. Der bloße Verweis auf die samurai-Familie als Vorbild für die Gesetzgebung der Meiji-Zeit ist demnach nicht zutreffend. Nicht alles, was traditionell anmutet, muß zwangsläufig seinen Ursprung in der Vergangenheit haben.

Nach dem Personenstandsgesetz von 1871 bestanden die Pflichten des Hausvorstands darin, „Geburten, Todesfälle und Ab- und Zugänge eines Hauses (ko) dem Bezirksleiter (kochō) zu melden.“[4] Erstmals hatte dies schriftlich zu geschehen. Während es den Provinzen vorläufig noch freigestellt war, wen sie als Meldepflichtigen bestimmten, den Hausvorstand oder die Betroffenen selbst, galt ab 1878 die zusätzliche Regelung, daß jegliche Meldung nur durch den Hausvorstand zu vollziehen sei. Damit hatte dieser eine bisher nicht vorhandene Kontrollgewalt über die Heiraten, Adoptionen und Scheidungen der Familienmitglieder erhalten. Der Meldepflicht wurde noch dadurch Nachdruck verliehen, daß ihre Vernachlässigung unter Strafe stand und daß nach einem Regierungsbeschluß von 1875 Heiraten und Adoptionen nur als solche juristisch anerkannt wurden, wenn sie gemeldet waren.[5]

Durch die Meldepflicht des Hausvorstands erstreckte sich die Kontrollgewalt der Regierung jetzt bis auf das einzelne Haus (ko), während bislang die Instanz des Dorfes dazwischengeschaltet war. Für die Mitglieder eines Hauses bedeutete es, daß keine Heirat, Scheidung oder Adoption mehr ohne die Zustimmung des Hausvorstands erfolgen konnte. Daß bei jedem Wechsel des Hausvorstands ein neues Register angelegt werden mußte, zeigt, daß Hausvorstand (koshu) und Haus (ko) identisch waren, aber auch, daß ein Hausvorstand ohne Hausmitglieder (kazoku) denkbar war.

Die Machtbefugnis des Hausvorstands bedeutete andererseits auch Schutzpflicht gegenüber den Mitgliedern des Hauses. „Die Erziehung der Mitglieder zu Lebzeiten und die Betreuung der Ahnen stehen unter dem Schutz des Hausvorstands", lautete ein Erlaß von 1874.[6] Zwei Jahre später legte das Justizministerium ausdrücklich fest: „Alle diejenigen, die in einem Register aufgeführt sind, sind als ‚Familie' (kazoku) zu bezeichnen; sie sind berechtigt, den Schutz des Hausvorstands zu genießen."[7] Das Recht auf Schutz war damit einklagbar. Abgesehen vom Hofadel konnte das Recht des Hausvorstands nicht das Elternrecht brechen, wie dies durch Gerichtsurteile belegt ist. Ein Erlaß von 1879 schrieb ausdrücklich den Eltern oder dem Vormund die Pflicht zu, ein schulpflichtiges Kind in die Schule zu schicken.[8]

Mit der Begründung, daß alle Mitglieder eines Hauses dem Schutz des Hausvorstands unterstehen, wurde 1874 dekretiert, das Vermögen eines Hauses solle allein dem Hausvorstand gehören, was bedeutete, daß bei dessen Insolvenz das Vermögen aller Mitglieder der Familie mitberücksichtigt werden konnte.[9] Eine Ausnahme bildete allein der Grundbesitz nach dem oben angeführten Gesetz über Grundstücksbeglaubigungen, das jedoch die Frauen und Unmündigen ausschloß.

Im Erbsystem erfolgten ebenfalls, verglichen mit der vorausgegangenen feudalen Epoche, einschneidende Veränderungen. Ein Gesetz von 1873, das dem Adel die freie Wahl des Erben garantierte, stieß auf starken Widerstand und mußte ein halbes Jahr später revidiert werden. Grundsätzlich sollte wie bisher der älteste Sohn das Erbe antreten, in Ausnahmefällen der zweite oder der dritte Sohn. Eine revolutionäre Neuerung war, daß in der Oberschicht des Hof- und Militäradels (kizoku und shizoku) auch eine Tochter erben konnte. Offenbar war das Bemühen um den Fortbestand des Hauses jetzt stärker als das um die Aufrechterhaltung der unilinearen Genealogie. Dem entspricht auch die Regelung von 1877, nach der es dem Militäradel wie dem Volk jederzeit möglich war, einen Adoptivsohn oder Adoptivschwiegersohn als Erben einzusetzen. Die strenge Einhaltung der Blutsverwandtschaft war aufgegeben zugunsten eines praktikablen Erbsystems. Auch das Recht, wonach die Familienmitglieder jetzt über einen gewissen persönlichen Besitz verfügen konnten, zeigte einen Trend zu mehr wirtschaftlicher Unabhängigkeit, der sich im Handelsrecht, dem liberalsten Teil des Zivilgesetzbuches von 1898, fortsetzte.

Daß in persönlichen Angelegenheiten wie Heirat oder Adoptionen wenig Freiheit zugestanden und dem Hausvorstand das entscheidende Bestimmungsrecht übertragen wurde, beruhte weniger auf einem patriarchalischen Konzept von Familie, denn auf dem Bestreben der Regierung, die Bevölkerung zur Steuer- und Wehrerfassung bis hinunter in die Familie zu kontrollieren. Anfang der Meiji-Zeit war somit bürokratischer Zentralismus ausschlaggebender als die Orientierung an der ehemaligen samurai-Familie.

3. Das Zivilgesetzbuch von 1898 und die Familie der Meiji-Zeit

Vom ersten Entwurf des Zivilgesetzbuches im Jahr 1878 bis zu seinem Inkrafttreten vergingen nicht weniger als 20 Jahre, in deren Verlauf immer wieder der Konflikt zwischen traditionalistischen und modernen, aufklärerischen Vorstellungen von Familie zum Ausbruch kam. Für die Traditionalisten war allein die Überlegung, daß die Familie, genauer das ie, zum Gegenstand eines Gesetzes werden sollte, ein Sakrileg. Andererseits waren sie unter dem Druck der westlichen Forderungen gezwungen, Kompromisse einzugehen. Noch der vorletzte Entwurf, das sogenannte „alte BGB" von 1890, das schon wieder viele Elemente japanischer Tradition enthielt, wurde als zu westlich abgelehnt.

In seinem berühmten Aufsatz „Das bürgerliche Gesetzbuch – der Untergang von Treue und Kindespflicht" kritisierte der Rechtsgelehrte Hozumi Yatsuka, der Entwurf beruhe, da er das Ehepaar in den Mittelpunkt der Familie stelle, auf christlichen Vorstellungen und widerspreche dadurch der japanischen Tradition der Ahnenverehrung. In einem Parlamentsbeschluß wurde erreicht, daß das Inkrafttreten des Entwurfs hinausgeschoben und eine neue Kommission aus Vertretern aller Richtungen eingesetzt wurde, die dann das 1898 verabschiedete Gesetz ausarbeitete. Das Ergebnis war ein Kompromiß, der keine der beiden Seiten befriedigte; bis auf minimale Änderungen blieb das Gesetz jedoch bis zum Ende des zweiten Weltkriegs in Kraft.

Die Tatsache, daß auch in diesem Gesetz das ie nicht als eigenes Rechtssubjekt erschien und daß es kein „Vermögen des Hauses" gab, spricht für einige Rechtshistoriker wie Ishii Ryōsuke dagegen, eine gesetzliche Fixierung des ie-Systems im Meiji-BGB anzunehmen. Dem ist zuzustimmen, insofern keine Definition des ie enthalten war und abgesehen von der Namensführung des Hauses (uji) kein Bezug zur Ahnenverehrung nachzuweisen ist. Andererseits kann nicht geleugnet werden, das die unter den Abschnitten „Verwandtschaft" und „Erbsystem" aufgenommenen Bestimmungen zusammen mit dem Personenstandsgesetz ein patriarchalisches Familienkonzept entwarfen, wonach der Hausvorstand über Sonderrechte gegenüber den anderen Familienmitgliedern verfügte.

Die frühere Bestimmung „der Hausvorstand ist das Haupt des Hauses" fehlt jetzt zwar, dennoch ist er an erster Stelle unter „Verwandtschaft" aufgeführt und seine Kompetenzen und Pflichten sind detaillierter festgelegt als zuvor. Die Meldepflicht durch den Hausvorstand bei Personenstandsveränderungen ist zugunsten der Betroffenen abgeschafft worden. Mit der Begründung hingegen, der Hausvorstand trage das

Sorgerecht für die Mitglieder, war ihm das Recht zugesprochen worden, den Wohnsitz der einzelnen Mitglieder bestimmen zu können. Wenn ein Mitglied dem Hausvorstand in diesem seinem Recht nicht Folge leistete, konnte es aus dem Hausregister gestrichen werden (riseki). Mit dieser Handhabe konnte der Hausvorstand Einspruch erheben gegen Heiraten und andere personale Entscheidungen, auch wenn er sie nicht mehr verhindern konnte wie bislang. Für die Heirat mußte ein Sohn bis zum 30. Lebensjahr, eine Tochter bis zum 25. die Zustimmung der Eltern und nicht mehr primär die des Hausvorstands einholen.

Das Recht des Hausvorstands auf Streichung aus dem Register, wenn ein Mitglied der Wohnortbestimmung nicht genügte, wurde so mißbraucht, daß bereits 1901 vom damaligen obersten Gerichtshof (daishinin) ein Urteil erging, das die willkürliche Ausübung unterband. Die weitestgehende Kompetenz des Hausvorstands wurde somit wieder eingeschränkt.[10]

Der Hausvorstand hatte aber nach wie vor neben seinem Recht auf Namensführung des Hauses und auf Verwaltung der Gräber und Totenfeiern die letzte Entscheidung über die Angelegenheiten des Hauses. Ohne seine Zustimmung konnte kein Zweighaus begründet werden. Aller Besitz, der nicht auf den Namen einer anderen Person eingetragen war, galt ihm zugehörig. Die Notwendigkeit jedoch, bei Landkauf oder -verkauf den Stempel des Hausvorstands einzuholen, fiel nach dem Meiji-Zivilgesetz weg. Ausdrücklich ist auch hier wieder die Pflicht des Hausvorstands erwähnt, den Mitgliedern des Hauses Schutz zu gewähren.

Dies entsprach der überkommenen konfuzianischen Konzeption von Familie, die nicht von den Rechten einzelner Mitglieder ausging, sondern von ihrer gegenseitigen Abhängigkeit und Schutzbedürftigkeit. So waren auch die Verwandten in gewissem Maß zu gegenseitigem Schutz verpflichtet. Der Familienrat (shinzokukai), der schon immer in wichtigen Angelegenheiten des Hauses Mitspracherecht hatte, wurde erstmals gesetzlich eingebunden. Er trat jedoch hauptsächlich in Vormundschaftsangelegenheiten zusammen. Das Recht auf Absetzung des Hausvorstands (haiko), wie es noch zu Anfang der Meiji-Periode durch den Familienrat ausgeübt wurde, war jetzt abgeschafft. Um der Kontinuität des Hauses willen war der Einfluß der anderen Familienmitglieder eingeschränkt, die Position des Hausvorstands aber gesichert worden.[11]

Die Trennung von Hausvorstandserbe (katoku-sozoku) und Vermögenserbe (isan-sozoku) im Meiji-BGB wird vielfach als entscheidendes Moment in der Sonderstellung des Hausvorstands angeführt. Dabei ist jedoch zu beachten, daß die Einführung eines gesetzlich geschützten Anteils am Familienvermögen einen bisher nicht dagewesenen Schutz der übrigen Familienmitglieder beinhaltete. In der Erbreihenfolge standen die Kinder an der Spitze, gefolgt von der Ehefrau, den Großeltern und dem Hausvorstand, sofern der Verstorbene nicht selbst Hausvorstand war.

Mit dem Recht auf Scheidung und vorübergehende Übernahme des Hausvorstands war die Position der Frau angehoben worden, zumal unter westlichem Einfluß die Monogamie gesetzlich festgelegt wurde.[12] In Anlehnung an das deutsche Recht verlor die Frau jedoch, sobald sie verheiratet war, ihre Geschäftsfähigkeit, auch über ihr eigenes Vermögen, das nun von ihrem Mann verwaltet wurde. Der Anlaß für diese Regelung ist nicht in Relikten aus der Feudalzeit zu sehen, sondern darin, daß unter dem aufkommenden Kapitalismus die Konzentration des Vermögens eine immer größere Rolle spielte. Erstmals war gesetzlich festgelegt, daß sich die Frau am Wohnsitz des Mannes aufzuhalten und dessen Namen zu tragen habe. In ihrem Recht auf Scheidung war sie – wie in manchen europäischen Ländern – dem Mann gegenüber nach wie vor benachteiligt, da dieser bei Ehebruch der Frau jederzeit die Scheidung einleiten konnte, die Frau aber dazu nur berechtigt war, wenn der Mann sich wegen Ehebruchs zum Beispiel mit einer verheirateten Frau strafbar gemacht hatte.[13] Der Mann konnte sich auch umgehend scheiden lassen, wenn die Frau verschwunden war, während diese bei Verschwinden des Mannes 24 Monate warten mußte, um eine Scheidung beantragen zu können. Weitere Scheidungsgründe für die Frau waren gerichtliche Bestrafung des Mannes mit mehr als einem Jahr Zuchthaus oder eine bösartige Krankheit. In gewissen Fällen konnten Ausschweifungen des Mannes als Scheidungsgrund anerkannt werden, was aber voraussetzte, daß die Frau von der Verwandtschaft unterstützt wurde.

Entgegen der Praxis westlich-christlicher Länder wurde das Schuldprinzip bei der Scheidung in Japan nie absolut gesetzt, da die Heirat eher eine Vereinbarung zweier Häuser denn zweier Individuen war. In Fortsetzung der Praxis der Tokugawa-Zeit war neben der gerichtlichen Scheidung auch die Scheidung durch Übereinkunft (kyōgi rikon) anerkannt, wie sie heute noch gilt und in den überwiegenden Fällen praktiziert wird. Soweit Kinder vorhanden waren, kamen sie nach dem Meiji-BGB in der Regel zum Vater und nur in Ausnahmefällen zur Mutter.

Adoptionen spielten auch im modernen Japan für die Sicherung der Erbnachfolge und die Weiterführung des Familiennamens eine große Rolle. Das Meiji-Zivilrecht erkannte dem Adoptierten erstmals eine gewisse Autonomie zu. Grundsätzlich waren Adoptionen wie Heiraten nur legitim, wenn sie amtlich gemeldet waren. Bei kriminellen Delikten gingen die Gerichte in vielen Fällen jedoch von der de facto Adoption aus. Die Bestimmung, daß nur der Hausvorstand Adoptionen vornehmen konnte, fiel mit dem Zivilgesetz von 1898 weg. Voraussetzung eines Adoptionsverhältnisses war lediglich, daß die Adoptierenden älter waren als die Adoptierten. Eine vorübergehende, zeitlich befristete Adoption bis zur Mündigkeit des Erben war nicht mehr zugelassen. Sobald ein Kind adoptiert war, hatte es die gleichen Rechte wie die legitimen Kinder. War ein Adoptivkind mündig, konnte erstmals nach dem neuen Gesetz die Adoption in beiderseitigem Einvernehmen aufgelöst werden, es sei denn der Adoptivsohn war bereits Hausvorstand geworden. Dann wurde das Einvernehmen der beiden Häuser zur Bedingung gemacht. Auch hier zeigt sich wieder, daß die Kontinuität eines Hauses im Vordergrund stand.

Wie zu sehen ist, war das Meiji-Zivilgesetzbuch im Hinblick auf die Rechte des einzelnen keineswegs kongruent. Deutlich ist dagegen, daß das ie als eine die Reproduktion und das Vermögen garantierende Einheit erhalten bleiben sollte. Als solches spielte es in der Aufbauphase des Kapitalismus in Japan keine unwesentliche Rolle. Ideologische Begründungen für das ie im Sinne von „guter alter japanischer Tradition" finden wir im Zivilgesetz selbst nicht, weshalb sich auch nach seiner Verabschiedung sofort Kritiker zu Wort meldeten und beklagten, daß das ie in dem Gesetz zu wenig deutlich ausformuliert sei.

Dies geschah umso mehr auf anderer Ebene. Auf massiven Druck der liberalen Bürgerrechtsbewegung war 1889 die erste Verfassung Japans als „Geschenk des Kaisers" an sein Volk verkündet worden. Sie sah für Japans politisches System eine konstitutionelle Monarchie mit stark autoritärem Charakter vor. Das Kabinett mit dem Ministerpräsidenten an der Spitze waren in letzter Instanz nicht dem Reichstag, sondern dem Kaiser verantwortlich. Der Reichstag hatte lediglich beratende, nicht entscheidende Funktion. Es war jedoch ein erster Fortschritt, daß die Stimme des Volkes über den Reichstag und über die Parteien überhaupt zu Wort kommen konnte. Konservative Politiker waren davon alarmiert und fürchteten um die Integrität des japanischen Staates. Sie setzten alles daran, der Entwicklung auf moralischem Gebiet entgegenzuwirken. Ein Jahr nach Verkündung der Verfassung wurde das „kaiserliche Erziehungsedikt" (kyōiku chokugo) bekannt gegeben, das, durch und durch konfuzianisch orientiert, mehr über Kaisertreue und kindlichen Gehorsam (kō) aussagt, als über Erziehung oder Bildung. Es rief die überkommenen konfuzianischen Tugenden in Erinnerung und appellierte an den Gehorsam gegenüber der Verfassung und den Gesetzen, nicht zum Wohl des einzelnen, sondern des Staates und des Kaiserhauses. Loyalität (chū) gegenüber dem Kaiser und Gehorsam seien, so hieß es, die „Essenz japanischen Nationalwesens" (kokutai no seika) – ein Topos, der von nun an den Kern der nationalistischen Ideologie ausmachte. Jeweils viermal im Jahr wurde das Edikt bei bestimmten Anlässen wie dem Reichsgründungstag oder dem Kaisergeburtstag feierlich verlesen, wobei das Volk stehend und mit entblößtem Haupt zuzuhören hatte – genauso wie zur Feudalzeit, wenn Erlasse der Regierung auf Holztafeln am Eingang des Dorfes bekannt gegeben wurden.

4. Die ländliche Familie beim Aufbruch Japans zur Industrienation

Die Diskussion um das Zivilgesetzbuch in den achtziger und neunziger Jahren bewegte zwar die Gemüter der gebildeten Städter, wurde aber von der allgemeinen, überwiegend ländlichen Bevölkerung kaum wahrgenommen. Zwanzig Jahre nach der Meiji-Restauration, 1888, lebten noch 87,8 Prozent der Bevölkerung auf dem Land. Im Zuge des Aufschwungs nach dem russisch-japanischen Krieg 1904/05 hatte sich 1908 der Anteil der städtischen Bevölkerung mit 24,9 Prozent gegenüber 1888 verdoppelt, im Vergleich zur Gesamtbevölkerung war er aber immer noch gering.[14] Die Industrialisierung Japans, die wie in anderen westlichen Ländern auch bei der Textilfabrikation einsetzte, war in mehrfacher Hinsicht von der Landwirtschaft getragen. Auch als in den Städten größere Manufakturen der Seiden- und Baumwollproduktion entstanden, blieben die Nebenerwerbsbetriebe auf dem Land bestehen. Für die Regierung stellte die Landwirtschaft die Hauptsteuereinnahmen – 1890 immer noch 60 Prozent – dar, und sie finanzierte somit deren industrielles Förderungsprogramm. Zur Sicherung der Steuern hatte die Regierung 1872 eine fixe, monetäre Grundsteuer eingeführt, und zur Belebung der Produktion garantierte sie die freie Fruchtwahl und den freien Landverkauf.

Für die Rekrutierung der in der Industrie benötigten Arbeitskräfte spielte die ländliche Familie eine bedeutende Rolle. Es waren die zweiten oder dritten Söhne, aber auch die jungen, unverheirateten Frauen, die in den städtischen Manufakturen angestellt wurden, wo sie einige Jahre für billigen Lohn arbeiteten und dann wieder in ihr Stammhaus zurückkehrten. Nicht selten lösten sich auch ganze Zweighäuser vom Haupthaus und zogen in die Stadt. Da sie weiter im Register des Haupthauses gemeldet waren, blieb ihnen jederzeit die Möglichkeit offen, aufs Land zurückzukehren.[15]

Die Regierungspolitik hatte auch negative Folgen für die Bauern. Die Freigabe des Landverkaufs führte zur Konzentration von Landbesitz in den Händen von Großbauern und zu einem sprunghaften Anstieg des Pachtlandes. Das schwerste Vergehen vor den Ahnen und das größte Unglück einer bäuerlichen Familie war es, das ererbte Land aufzugeben, denn dies war nicht nur die materielle, sondern auch die seelisch-religiöse Grundlage des Hauses. Diese Verbundenheit zu Grund und Boden verhinderte am Anfang die Landflucht, wurde aber auch von Großbauern ausgenutzt, die die Anhebung der Pachtzinsen hinausschoben und so lange warteten, bis ihnen das Land als Pfand in die Hände fiel. Dieser Zeitpunkt war Ende der Meiji-Zeit erreicht, als mittlere und selbständige Bauern nicht mehr in der Lage waren, die Mißernten durch gesteigerte Produktion wettzumachen und deshalb in die Städte flüchteten. Die Landflucht und die Zunahme brachliegender Felder nahm solche Ausmaße an, daß Yanagida Kunio, der Begründer der japanischen Volkskunde, 1905 von „Domizid" sprach und auf die Gefahr für die sich aus der Bindung an das Land herleitenden Identität der japanischen Bevölkerung aufmerksam machte.[16] Auch Politiker und Wissenschaftler sahen die aufkommende Krise für Nation und Vaterlandsliebe und entwickelten rasch Modelle zur Einführung eines „Hausvermögens" (kasan), um den Besitz eines Hauses zu sichern. Die Asahi-Zeitung veröffentlichte 1914 zwei Monate lang eine Artikelserie über den „Untergang des Dorfes" sowie die „landwirtschaftliche Revolution" und stellte ihrerseits die Auswirkungen der ländlichen Misere auf die geistige Verfassung des Landes heraus: „Die Vaterlandsliebe unseres Volkes ist ursprünglich aus der Liebe zum Grund und Boden entstanden und hat sich mit der Zeit zu immer subtilerer Geistigkeit entfaltet. Das ist unsere feste Überzeugung. Ja, wir wagen zu behaupten, daß die Liebe zum Grund und Boden die Vaterlandsliebe überhaupt ausmacht."[17] Die faschistische Bewegung unter jungen Offizieren der dreißiger Jahre ging auf Soldaten aus verarmten Bauernfamilien zurück.

Auch die Verwaltungsreform der Regierung zerstörte die dörfliche Gemeinschaft. Die rein bürokratische Neugliederung ländlicher Verwaltungseinheiten in gleichgroße Bezirke (ku) aus dem Jahr 1871 mußte jedoch sechs Jahre später zugunsten organisch gewachsener Einheiten wie Kreis, Bezirk und Dorf wieder zurückgenommen werden. Die Selbstverwaltung des Dorfes in steuerlichen Angelegenheiten wurde durch das Personenstandsgesetz beendet. Das Gemeindeland (iriaichi) ging weitgehend in Regierungsverwaltung über, und die Tempel- und Schreinländereien wurden neu verteilt. Besonders die Verstaatlichung der Shintō-Schreine und deren radikale Reduzierung zeugten von der Mißachtung ländlicher Verhältnisse, denn die lokalen Gottheiten waren vielfach aus Ahnengottheiten einflußreicher Familien hervorgegangen und stellten ein gemeinsames religiöses Bindeglied zwischen den einzelnen Haushalten dar. Die Dorfbewohner sollen angstvoll klagend bis ans Ende des Dorfes mitgelaufen sein, als die Heiligtümer der Schreine fortgetragen wurden.[18]

Dennoch konnten diese Maßnahmen die Beziehungen innerhalb eines Dorfes nicht von heute auf morgen ändern. Sie schürten vielmehr den Argwohn gegen die neue Regierung und förderten in gewisser Weise den Zusammenhalt. Dies zeigte sich am deutlichsten bei der Umgehung des Wehrgesetzes. Die Beamten auf dem Dorf übersahen offenbar großzügig fehlende und falsche Registereintragungen – schließlich war das gesamte Dorf auf die Arbeitskraft der Männer angewiesen.[19] Nicht anders verhielt es sich mit dem Widerstand gegen das Schulpflichtgesetz. Je abgelegener ein Dorf war, desto hartnäckiger hielten sich alte Sitten und Geschlossenheit. Jeder, der von außen kam, wurde mit äußerster Zurückhaltung, wenn nicht gar Mißtrauen bedacht. Für eine hinzugezogene Familie war es fast unmöglich, sich zu integrieren.

Wer nicht sein Land und sein Haus von den Vorfahren geerbt hatte, blieb ein Fremder. Die einzigen geduldeten Fremden waren fahrende Händler, Künstler und Wandermönche, die gewöhnlich in einem der Häuser des Dorfes übernachteten und dabei an den persönlichen Angelegenheiten der Familien Anteil nahmen wie alle anderen im Dorf. So verschlossen das Dorf nach außen war, so transparent war es für die Bewohner. Es gab kein Geheimnis, das sich nicht sofort herumsprach. Noch in der Meiji-Zeit gab es eine starke Tendenz, den Ehepartner innerhalb eines Dorfes zu suchen, wo man alles über jeden wußte. Die Einrichtung der Jungmänner- und Mädchenhäuser verschwand gegen Ende der Tokugawa- und zu Anfang der Meiji-Zeit, vermutlich durch die zunehmende Verselbständigung kleinerer Bauern und die wachsende Bedeutung der Arbeitskraft unverheirateter Frauen beim Nebenerwerb.[20] Die Kontrolle, die die Jungmännerhäuser über die Eheschließungen im Dorf ausübten, wollte ein Hausherr jetzt nicht mehr anerkennen. Wann und wen eine Tochter heiratete, sollte Sache des eigenen Hauses sein. Hinzu kam, daß mit der Diversifizierung der einzelnen Betriebe die soziale Herkunft des Partners vermutlich eine immer größere Rolle spielte, während die Autorität der Jungmännerhäuser eine gewisse Gleichheit sozialer Herkunft vorausgesetzt hatte, zumindest unterhalb der dörflichen Oberschicht. Eine der letzten Funktionen der Jungmännerbünde war die Kontrolle des Brautraubs (yomenusumi) am Anfang der Meiji-Zeit. Eine Braut wurde nicht nur entführt, wenn ein junges Paar auf den Widerstand der Brauteltern gegen die Heirat stieß, sondern auch mit ihrem Einverständnis, denn so konnte eine kostspielige Heiratszeremonie umgangen werden. Als auch diese Sitte verschwunden war, beschränkte sich die Funktion der Jungmännerbünde nur noch auf dörfliche Angelegenheiten wie Feste oder Feuer- und Verbrechensbekämpfung. In stadtnahen Gebieten lösten sich die Dorfstrukturen rasch auf. Vor allem veränderte sich das Konsumverhalten. Ein Untersuchungsbericht aus dem Jahr 1904 über ein Dorf in der an Tokyo angrenzenden Provinz Kanagawa gibt davon ein lebendiges Bild:

„Die Möglichkeiten, Einkommen zu erwerben, haben sich im Vergleich zu früher nicht verändert, dagegen die der Ausgaben sehr. Während man sich früher nur um die Wirtschaft eines Hauses zu kümmern brauchte, muß man nun die eines ganzen Dorfes, Kreises und Landes in Rechnung stellen. Früher leistete man einmal im Jahr Abgaben, heute wird mehrfach Geld eingezogen. Früher leistete man die Abgaben in Reis, jetzt in Geld. Während man bei Mißernten Nachlaß bekam, wird heute auch kein einziger ‚mon' weniger kassiert. Während es früher frei stand, ob man lernen wollte, besteht heute Schulpflicht. Während früher Tatami-Fußböden und Holzdekken Luxus waren, sind sie heute selbstverständlich. Früher trug man keine gekaufte Kleidung, heute gibt es kaum noch Selbstgewebtes. Früher ging man in Strohsandalen, Baumwolljacke und mit einem Handtuch als Kopfbedeckung und hatte einen Reiskloß in der Hand. Heute trägt man Holzsandalen, einen Umhang mit Hut auf dem Kopf und hat einen westlichen Schirm am Arm hängen. Früher drückte man sich um die Teilnahme an Schreinveranstaltungen, es gab kein Rotes Kreuz, keine Frauengruppen; heute ist man in aller Art Vereinigungen Mitglied . . . Früher bestellten die Bauern ihre Felder allein mit ihrer Muskelkraft, heute tun sie es mithilfe von Dünger. Früher lebte man hauptsächlich von eigenen Produkten, und was darüber hinaus benötigt wurde, tauschte man gegen Waren ein. Heute wird das meiste mit Geld gekauft. Früher waren die Lebensmittel äußerst billig, heute sind sie sehr teuer, und so sollte man wissen, daß die Ausgaben heute vielfältiger sind als früher."[21]

Auch die Auswirkungen, die dieser Wandel auf das Gemeinschaftsleben und auf den einzelnen hatte, schildert derselbe Bericht:

„Die Gelegenheiten, freundschaftliche Kontakte zu knüpfen, wie früher bei gegenseitiger Bewirtung oder bei den Festen nach dem Reispflanzen und nach der Ernte, haben heute nur noch formale Funktion. Vereinigungen (d. h. lokale Gruppierungen innerhalb des Dorfes) und gemeinsame Arbeiten (yui-shigoto), bei denen man Mühe und Last miteinander teilte, sind allmählich immer weiter zurückgegangen. Statt dessen sind die Aufwendungen und Ausstattungen bei Heiraten oder Beerdigungen eitle Demonstrationen, mit denen man sich lediglich gegenseitig übertrumpfen will. Gering ist das Vergnügen echten gesellschaftlichen Kontakts, umso größer dafür der seelische Kummer."[22]

Für den Rückgang an Gemeinschaftlichkeit dürften hauptsächlich die neuen Produktionsformen verantwortlich gewesen sein. Die Arbeitsweise auf dem Land war zwar immer noch arbeitskraftintensiv, und es bestand in Japan zu Beginn der Industrialisierung kein Reservoir an ländlichen Arbeitslosen, aber die Zeiten geringerer Arbeitsbelastung konnten nun flexibler durch Saisonarbeiten außerhalb des Dorfes ausgefüllt werden. Zurück blieben Frauen, Alte und Kinder, die den Nebenerwerb der Webereien, der Seidenraupen- und Geflügelzucht aufrechterhielten.

5. Städtische Entwicklung und Familie in der Meiji-Zeit

Die ungleiche Verteilung der Bevölkerung in Stadt und Land Ende der Meiji-Zeit hatte dennoch keine nennenswerten Auswirkungen auf die Größe der Familie. Aus der Erfassung der Haushalte von 1872 geht hervor, daß die durchschnittliche Familiengröße bei 4,7 Personen lag; 1908 soll sie in den Städten mit 4,3 Personen und in der Unterschicht mit 4 Personen etwas darunter gelegen haben. 1920 führte man die erste allgemeine Volkszählung mit einigermaßen verläßlichen Daten durch, wonach die Durchschnittsfamilie 4,89 Personen umfaßte. Auch alle folgenden, im Fünfjahresrhythmus durchgeführten Volkszählungen ergaben einen ähnlichen Durchschnitt bis zu fünf Personen.[23] Eine Erfassung des tatsächlichen Einkommens eines Haushalts im Jahr 1921 zeigte, daß die Zahl der Haushaltsmitglieder mit der Höhe des Einkommens zunahm, woraus man schließt, daß auch zu jener Zeit noch Geburtenregelung in den unteren Schichten praktiziert wurde. Abgesehen von der Abtreibung war es nicht selten üblich, Kinder in eine andere Familie in Pflege (satoko) oder zur Adoption (yōshi/yōjo) zu geben, wo sie als Erben oder auch nur als Arbeitskräfte benötigt wurden. In der Provinz Niigata drohte man unfolgsamen Kindern noch bis vor kurzem, sie in das nahegelegene Fischerdorf zum Arbeiten wegzugeben.

Die sozialen und politischen Reformen der Meiji-Restauration hatten für die Familien der Städter, speziell die der ehemaligen samurai, die gravierendsten Folgen. Die freie Berufswahl, das Zugeständnis, daß das ganze Volk Nachnamen tragen durfte, und die Errichtung einer Wehrpflichtigenarmee hatten die samurai ihrer privilegierten Position beraubt und sie mit einer neuen Situation ohne die gewohnte Sicherheit des ererbten Lehens konfrontiert. Zum überwiegenden Teil fanden die samurai Anstellung in der Bürokratie der Meiji-Regierung oder als Lehrer und Ärzte. Soweit sie sich in die Konkurrenz mit den Kaufleuten und Händlern wagten, waren sie meist glücklos, da es ihnen nicht nur an Erfahrung, sondern auch an Kapital fehlte. Den niederen samurai, die schon Ende der Tokugawa-Zeit gezwungen worden waren, durch Nebenberufe ihren Lebensunterhalt zu sichern, fiel der Wechsel in die Konkurrenzwirtschaft noch am leichtesten, da sie kein Standesdünkel an unbekannten Arbeiten hinderte. Die Zeitungen berichteten aufgebracht, daß in den Freudenvierteln Frauen und Töchter aus samurai-Familien käuflich seien.[24] Diese Frauen kamen nicht einmal aus niederen Familien, sondern solchen, die sich aus Stolz der neuen Zeit nicht angepaßt und auf das ererbte Vermögen gesetzt hatten. Aus diesen Häusern kamen auch die Töchter, die sauber gekleidet und frisiert an den ersten mechanischen Webstühlen standen, in der Überzeugung, nicht irgendeine notwendige Arbeit zu tun, sondern für die Ehre der Elternhäuser zu arbeiten. Bald jedoch wurden sie ersetzt durch die Arbeiterinnen vom Land, die mit ihrem geringen Verdienst ihre Familien aus dem Elend zu retten versuchten und für die das Leben nur Arbeit bedeutete.

Die Situation der ersten Fabrikarbeiter und -arbeiterinnen war so trostlos, daß sogar die Regierung selbst noch um die Jahrhundertwende eine Untersuchung veranlaßte. 1899 war eine private Studie von Yokoyama Gennosuke über „Die Gesellschaft der Unterschicht Japans" (Nihon no kasō shakai) veröffentlicht worden, die die Arbeits- und Lebensverhältnisse der Textilarbeiter und -arbeiterinnen beschrieb: Fünf bis sechs Personen, manchmal sogar mehrere Familien lebten auf einer Wohnfläche von 8 m^2 zusammen. Bedenkt man, daß alle Familienmitglieder außer Haus arbeiteten mit einer durchschnittlichen Arbeitszeit von zwölf Stunden am Tag, dann ist mit Yokoyama die Frage berechtigt, ob hier überhaupt von

„Familie" gesprochen werden kann.[25] Die Unterkünfte waren weniger Wohnungen als Schlafplätze. Die Kinder wurden in Streichholzfabriken bereits mit sieben oder acht Jahren eingestellt, in Webereien mit zwölf bis vierzehn Jahren. Kaum eine Ehe kam, wie es sonst üblich war, durch einen Vermittler zustande und die wenigsten waren gemeldet und damit rechtsgültig.

Ebenso zahlreich waren die nicht gemeldeten, unehelichen Kinder, die dadurch auch nicht die japanische Staatsangehörigkeit besaßen. Yokoyama befragte die Frauen auf der Straße über ihr Eheleben, und sie beschrieben es als endlosen Kampf, da die Männer mehr tranken als arbeiteten. Während eine der Frauen aus Mitleid sich nicht von ihrem Mann zu trennen vermochte, meinte die Frau eines Riksha-Fahrers, es habe keinen Zweck, so einen Mann mit sich herumzuschleppen, eine Frau würde sowieso immer eine Bleibe finden.[26]

Anders verhielt es sich in der städtischen Mittel- und Oberschicht, wo immer noch die konfuzianischen Prinzipien der Ehrfurcht vor dem Alter, des Gehorsams der Kinder und der Keuschheit der Frau galten. Sie wurden jetzt noch unterstützt durch die Vorbilder aus westlichen Adelskreisen, wie sie in den neu aufkommenden Frauenzeitschriften vorgestellt wurden. Daß die Familie der Meiji-Zeit für die Japaner heute den Prototyp der patriarchalischen Familie darstellt, geht auf die Familie der Oberschicht zurück, wo der Hausherr die absolute Autorität besaß und die Ehefrau die „gute Frau und kluge Mutter" (ryōsai kenbō) zu sein hatte. Die erzählende Literatur der Meiji-Zeit liefert anschauliche Beispiele dieses Familienmilieus. In seiner vierbändigen „Geschichte der Frau der Meiji-Zeit" zitiert Murakami Nobuhiko eine von ihm interviewte Frau, die sich bei der Erzählung „Der Neujahrstag" von Nagai Kafū spontan an die Gestalt ihres eigenen autoritären Vaters der Meiji-Generation erinnerte.

Diese Erzählung aus dem Jahr 1907 spielt in Amerika, wo bei einer Neujahrsparty eines japanischen Bankiers die Sprache auf einen dort ansässigen Japaner kommt, der es strikt ablehnt, an japanischen Geselligkeiten teilzunehmen, weil er angeblich keinen Reis essen und keinen Reiswein trinken kann. Auf einige Bemerkungen über dieses seltsame Verhalten hin berichtet ein Gast, daß ihm dieser Landsmann einmal bei einem Glas französischen Wein den Grund seiner Ablehnung allen japanischen Essens gestanden habe. Sein Vater, ein Richter des obersten Gerichts, der noch die klassische konfuzianische Erziehung der Meiji-Zeit erfahren hatte, war Teemeister und Sammler aller Art von Antiquitäten und Bonsai-Bäumchen. Er pflegte immer wieder seine Untergebenen einzuladen, damit sie bei Reiswein und kleinen Leckerbissen seine Schätze bewunderten. Obwohl ein Dienstmädchen im Haus war, war es die Aufgabe der Mutter, die Gäste oft bis Mitternacht zu bewirten. Nach der Erinnerung des Sohnes mußte die Mutter den Vater nicht nur bedienen, sondern sich auch ständig Kritik und Zurechtweisungen anhören. Mit keinem Essen war der Vater zufrieden und sei es, daß er nur die Wahl der Teller und Schälchen bemängelte. Für den kleinen Sohn war der Vater eine ständig nörgelnde, furchteinflößende Gestalt, die Mutter eine stets in weißer Schürze gekleidete, mitleiderregende Person. Als der Sohn die Mittelschule besuchte und englische Texte las, erfuhr er zum ersten Mal etwas von „Heim" (home) und „Liebe" (love) und war tief beeindruckt. Die konfuzianischen Sentenzen seines Vater empfand er immer abstoßender. Er träumte davon, einmal groß zu sein, ein eigenes, echtes „Heim" zu haben und seine Mutter dorthin einladen zu können. Aber noch bevor er die Oberschule abgeschlossen hatte, starb die Mutter unerwartet. Der Grund war eine Erkältung, die sie sich zugezogen hatte, weil der Vater sie eines Nachts bei einem plötzlichen Schneesturm in den Garten hinausschickte, damit sie seine Topfbäumchen hereinholte. Für den Sohn war von da an jedes japanische Essen mit der verhaßten Gestalt seines Vaters verbunden. Erst in Amerika, wo er nur westlich essen konnte, fühlte er sich von diesem seelischen Druck befreit. „Die Gäste, die die Geschichte mitangehört hatten, schwiegen für eine Weile; nur der Seufzer der Bankiersfrau – empfindsam, wie die Frauen zu sein scheinen – war überdeutlich zu hören", schließt die Erzählung.[27]

Iwano Kikuyo, die sich bei dieser Erzählung so an den eigenen Vater erinnert fühlte, beschreibt diesen nahezu als Doppelgänger der von Nagai Kafū gezeichneten Gestalt: Der Vater, Sprachlehrer bei der Marine, war vom Militär geprägt. „Etikette beginnt mit der Sauberkeit", war seine Maxime; die Kinder mußten schon im Vorschulalter jeden Morgen zum Putzen antreten und die Dielen und Kieswege säubern, wobei sie streng überwacht wurden. Saßen sie dem Vater gegenüber, hatten sie aufrecht auf beiden Unterschenkeln zu sitzen (seiza) und durften nur in höflicher Sprache sprechen, nicht „ja" (ee), sondern „jawohl" (hai) mußte die Antwort heißen. In besonders unangenehmer Erinnerung hatte sie die Verabschiedungszeremonien am Morgen und die Begrüßung am Abend. Hatte eins der Kinder versäumt, sich morgens von dem Vater zu verabschieden, wurde es von dem Hausmädchen zurückgeholt, und selbst wenn der Vater schon auf der Toilette saß, mußte es vor der Toilette niederknien, höflichst „Auf Wiedersehen" sagen und so lange warten, bis von drinnen ein „hm" zu hören war.

Bei der Rückkehr abends pflegte der Vater sich noch vor der Gartentür vernehmlich zu räuspern, was das Zeichen war, daß sich alle Mitglieder des Hauses, auch die Bedienung, in der Eingangshalle in tiefem Kotau zu versammeln hatten. Fehlte auch nur eine Person, wartete der Vater so lange, bis sie gerufen wurde. Lediglich die Großmutter als die ranghöhere erschien nicht; statt dessen ging der Vater als erstes zu ihr, um seine Rückkehr zu melden. Das Ergebnis dieser Erziehung war, so berichtet die Tochter, daß sich alle Kinder später dem Vater widersetzten und von ihm abwandten – eine Reaktion, die auch aus der patriarchalischen Familie des wilhelminischen Bürgertums in Deutschland bekannt ist.[28]

Auch wenn sich nicht alle Väter der Familie der Meiji-Zeit so tyrannisch aufgeführt haben mochten, ihre Autorität kam dennoch bei der Verheiratung der Kinder zum Tragen. Eine andere, von Murakami interviewte Frau erzählt, daß der Vater ihr Verlöbnis eigenmächtig in die Wege leitete und ihr davon zwischen Tür und Angel mitteilte, ohne daß sie auch nur ein

Wort des Widerspruchs hätte einlegen können. Ihre Stiefmutter, die die renommierte Ochanomizu-Oberschule für Mädchen absolviert hatte, gestand ihr eines Tages, sie habe zwar auf der Schule allerlei gelernt, was sie sich jedoch selbst beigebracht habe, sei, „die Dinge zu ertragen."[29]

Aber es war nicht allein der Vater, der über die Heirat bestimmte. Dahinter stand das Diktat des Hauses, die Genealogie in angemessener Weise fortzusetzen. In dem berühmten naturalistischen Roman „Ie" (Haus) von Shimazaki Tōson, der den Niedergang zweier traditioneller und angesehener Familien beschreibt, soll für den ältesten Sohn eine Braut bestimmt werden. Als die Sprache darauf kommt, daß es eine Frau gäbe, die der Sohn gern heiraten würde, widerspricht die Mutter heftigst: „Der Rang der beiden Häuser ist doch verschieden! Wie solltest du aus solch einem Haus eine Braut in unser Hashimoto-Haus holen!"[30] Aber nicht nur die Mutter protestiert, sogar einer der Bediensteten, die manchmal für mehrere Generationen in dem Haus arbeiteten, weist ihn zurecht: „Lieber Herr, Sie sind nicht bloß ein einfacher junger Mann. Es gibt nicht wenige Leute, die ihre Zukunftshoffnungen auf Sie setzen ... Und hier stehe ich als alter Mann, der Ihnen bald zur Last fallen wird, jetzt aber noch arbeitet, so weit es seine Kräfte zulassen."[31] Wie die Mutter dieses Sohnes andeutete, war Heirat ein „Geschäft".

Dies galt ebenso für Adoptionen und Scheidungen. In dem Roman „Hototogisu" (Kuckuck) (1898) von Tokutomi Roka soll eine Ehe im Namen des Hauses geschieden werden, da die Frau an Tuberkulose erkrankt ist. Vor dem buddhistischen Hausaltar mit der Ahnentafel des Vaters redet die Mutter auf ihren Sohn, einen Marineoffizier, ein: „Es ist ein allgemeines Gesetz, sich scheiden zu lassen, wenn die Frau keine Kinder bekommt, nicht in das Haus paßt oder eine schlimme Krankheit hat. So ist das nun mal. Das hat nichts mit Mitleidslosigkeit oder Verantwortungslosigkeit zu tun." Für die Mutter hat der Sohn zuallererst die Pflicht, die Linie des Hauses weiterzuführen. Sei er dazu nicht bereit, dann sei das, so droht die Mutter, Ungehorsam gegenüber den Eltern.[32]

In dem Roman „Omoide no ki" (Aufzeichnungen der Erinnerung, 1901) desselben Autors ist eine Szene enthalten, in der die Witwe des Hauses Kikuchi von dem Onkel und der Tante ihres einzigen Sohnes, bei denen sie Unterkunft gefunden hat, eines Tages gebeten wird, den Sohn als Adoptivsohn in die Familie des Onkels zu geben, da ein Erbe fehlt. Die Mutter steht jedoch unter dem Gebot ihres Mannes, der auf dem Sterbebett gebeten hatte, sie möge den Sohn so aufziehen, daß er die Ehre des Hauses Kikuchi wiederherstelle. Sie lehnt deshalb das Ansinnen des Onkels trotz aller Verpflichtung ihm gegenüber ab und zieht sich dessen Zorn zu.[33]

Die Trennung der Aufgaben von Schwiegermutter und Schwiegertochter war in der Meiji-Zeit weiterhin gültig. Die Schwiegertöchter hatten die Kinder großzuziehen und dem Mann zu dienen, während die Schwiegermütter das Haus nach außen repräsentierten. Als Witwe des ehemaligen Hausvorstands gebührte der Schwiegermutter immer noch mehr Achtung als dem jüngeren Hausvorstand selbst.

In dem Elternhaus einer 1895 geborenen Frau, Tochter eines Arztes, war es üblich, daß dem Mann und der Schwiegermutter das Essen als erste serviert wurde, die Mutter hingegen als letzte zusammen mit den Angestellten die Mahlzeiten zu sich nahm. Die Mutter trug einfache Baumwollkleidung, während die Kleidung des Vaters und der Schwiegermutter aus Seide war. Wenn der Vater mit allen Kindern und Angestellten bis hin zum Gärtner einen Ausflug unternahm, war es die Mutter, die zu Hause bei der gebrechlichen Großmutter zu bleiben hatte.[34]

Daß an dieser Diskriminierung keine Kritik erhoben wurde, zeigt, wie niedrig die Stellung der Frau im allgemeinen und welche passive Rolle ihr seit der Tokugawa-Zeit aufgezwungen war. Gefragt, ob sie ihr Schicksal nicht als ungerecht empfanden, erwiderten die Frauen Murakami bei seinen Interviews gewöhnlich, es sei ja allen Frauen so gegangen. Offenbar war es allgemeine Überzeugung, daß das Leben Mühsal und Anstrengung sei und das Glück darin bestehe, einem anderen zu dienen. „Früher", rekapitulierte eine Frau,

„waren die Männer die Herren und das Leben der Frau eine einzige Plackerei."[35] Die Reduzierung der Arbeit der Frau auf den Haushalt hat ihre Stellung – wie in anderen Ländern – nicht gehoben.

Gleichwohl ist zu fragen, warum im Japan der Meiji-Zeit der Hausvorstand der Mittel- und Oberschicht eine Autorität entwickelte, die der des Oberhaupts in bürgerlichen Familien des wilhelminischen Deutschlands ähnelt. Wie in Deutschland mögen die autoritären hierarchischen Strukturen der Gesellschaft ein solches Verhalten innerhalb der Familie begünstigt haben. Weitere Wurzeln sind fraglos auch in eingefahrenen Traditionen und Haltungen zu suchen. So wie die Stellung des bürgerlichen Hausvaters in Europa als alleinigem Ernährer der Familie durch christliche Vorstellungen von der Unterwürfigkeit der Frau gestützt wurde, so haben konfuzianische ethische Grundsätze dem Familienoberhaupt ehemaliger samurai-Familien ideologische Schützenhilfe geleistet. Das heißt jedoch nicht, daß die Autorität die oben geschilderten krassen Formen annehmen mußte. Vielmehr ist zu fragen, ob nicht die rasche und teilweise blinde Adaption alles Westlichen eine Verunsicherung hervorrief, die durch autoritäres Verhalten kompensiert wurde. Auch wenn westliches Wissen und Können Japans Entwicklung vorantreiben sollte, wollte man dadurch nicht gleich die eigene Identität aufgeben. Das Problem war jedoch, diese zu definieren und mit der neuen Zeit in Einklang zu bringen. Aber auch wenn der Konflikt nicht auf der kulturellen Ebene empfunden worden sein mochte, so dürften doch die ungewohnten, neuen Anforderungen seitens der Gesellschaft und des Berufs vielfach Spannungen im Selbstbild hervorgerufen haben. Die Familie war dabei der Ort, wo man die alte Position noch ausspielen konnte.

Offenbar bestand auch eine Relation zwischen der Teilnahme am häuslichen Leben und autoritärem Gebaren. So wird im Rückblick auf diese Vätergeneration oft erwähnt, daß jene unter ihnen, die sich besonders autoritär verhielten, die meiste Zeit von zu Hause abwesend waren.[36] Sie waren damit konfrontiert, daß nach ihnen eine Generation heranwuchs, auf die sie kaum Einfluß hatten und die sich schneller als sonst von der Elterngeneration löste.

Die übermäßige Autorität des Hausvorstands und die Betonung des ie blieben aber von der Kritik nicht verschont. 1882 beklagte Ueki Emori, ein aufklärerischer Denker der Meiji-Zeit, in einem Artikel über die „Japaner und das ie-Denken" die Dominanz des ie im Leben der Japaner:

„Den Japanern ist ein sonderbares ‚ie'-Denken zu eigen. Das ‚ie' hat heutzutage transzendenten Wert, und die Vorstellung dominiert, die Person sei durch das ‚ie' definiert und nicht umgekehrt das ‚ie' durch die Person. Dies ist jedoch gegen jede Vernunft und einfach lächerlich."[37]

Noch leidenschaftlicher kritisierten junge Intellektuelle in der Zeitschrift „Kokumin no tomo" (Freund des Volkes) 1893 das Familiensystem:

„Die Familie ist die Brutstätte von Unterwürfigkeit, Betrügerei, Mißtrauen, Heuchelei, Eifersucht, Entfremdung und Verrat ... Wegen des ‚ie'-Systems muß sich heute die Jugend für die Älteren opfern, wie diese sich einmal für ihre Älteren geopfert haben ... Die Älteren übertragen ihre Bitterkeit aus der Vergangenheit auf die jungen Leute heute. Wenn wir uns nicht wandeln ... zu einem individualistischen System, werden wir niemals die Übel der Tyrannei der Familie überwinden."[38]

Mit dem „Opfer" war gemeint, daß in der Umbruchszeit zur Moderne die ältere Generation zu unflexibel war, um sich den neuen Verhältnissen anzupassen und daß nicht selten die ganze Last einer Familie mit all ihren Verwandten auf den Schultern eines der Kinder ruhte. So wurden die Söhne, auch wenn sie in Tokyo studiert und sich dort eine Existenz aufgebaut hatten, in ihre Familie zurückgerufen, weil sie dort das Erbe des Hauses antreten sollten.

Die beste literarische Verarbeitung dieser Thematik bietet der bereits erwähnte, stark autobiographische Roman „Ie" (Haus) von Shimazaki Tōson aus dem Jahr 1911. Er schildert etwa zwanzig Jahre im Leben des Schriftstellers und Lehrers Sankichi, in denen dieser sich mühselig durchschlägt, da er immer wieder gezwungen ist, anderen, in finanzielle Not geratenen Familienmitgliedern Hilfe zu leisten. Der Vater hatte mit seinem ausschweifenden Leben das Haus ruiniert, aber auch die beiden älteren Brüder Sankichis waren nicht in der Lage, die wirtschaftliche Basis wiederherzustellen, da sie sich in spekulative Unternehmungen verfangen hatten. Alle Hoffnung wurde somit auf Sankichi gesetzt, der als einziger ein einigermaßen regelmäßiges Einkommen empfing. Er entzog sich zwar nicht seinen Verpflichtungen der Familie gegenüber, distanzierte sich jedoch kritisch von dem ie als Institution, das ihn seiner Freiheiten beraubte und immer nur dem schwächsten nützte. „Wo immer wir uns aufhalten, schleppen wir unsere Familie auf dem Rücken mit uns", läßt Tōson seine Hauptfigur sagen.[39] Diese Dominanz der Familie beschränkte sich nicht auf die Oberschicht und nicht nur auf die Söhne. Auch Higuchi Ichiyo, die in ihren Romanen das Leben der städtischen Handwerker- und Kaufmannsschicht thematisiert, beschreibt in „Jūsanya" (Die dreizehnte Nacht, 1895) das Schicksal einer Frau, die vor den Gewalttätigkeiten ihres Mannes in ihr Elternhaus flieht, aber wieder zurückgeschickt wird, weil ihr jüngerer Bruder der Vermittlung des Mannes seine berufliche Stellung verdankt und ihm daher zu Dank verpflichtet ist. In anderen Beispielen müssen Söhne angesehener Familien ihre Liebe zu einer Frau opfern, weil die Verbindung nicht in die Politik der Familie paßt oder nicht standesgemäß ist.[40]

Bekannt ist die persönliche Liebesgeschichte eines renommierten Schriftstellers der Meiji-Zeit, Mori Ōgais, der sich bei seinem Studienaufenthalt in Deutschland mit einer jungen Frau namens Elise befreundete. Als er nach Japan zurückkehrte, reiste ihm die Frau nach. Sie wurde jedoch, noch bevor sie mit Ōgai in Japan Kontakt aufnehmen konnte, von der Verwandtschaft überredet, nach Deutschland zurückzukehren, da man längst eine Braut für Ōgai aus Adelskreisen ausgewählt hatte. Die Affaire fand ihren literarischen Niederschlag in Ōgais Debuterzählung „Maihime" (Tänzerin), die er 1890, zwei Monate vor seiner Heirat mit der für ihn bestimmten Frau, veröffentlichte.

Die Kritik an dem japanischen Familiensystem blieb in den achtziger Jahren des vorigen Jahrhunderts auf die westlich beeinflußten Intellektuellen beschränkt; erst Ende der Meiji-Zeit erfaßte sie weitere Kreise, als nach dem russisch-japanischen Krieg so etwas wie eine verspätete geistige Revolution einsetzte. Unerwartet zu militärischer Größe gelangt, setzte man sich jetzt nicht mehr nur mit westlichem Denken, sondern auch mit den eigenen Werten kritisch auseinander. Literarisch fand diese Suche nach dem eigenen Standpunkt Ausdruck in den naturalistischen Werken mit der Analyse des individuellen Lebens, die zwangsläufig auch zur Auseinandersetzung mit dem Ich in der Familie und dem ie führte.

Eine andere Ebene war das erwachende Selbstbewußtsein der Frau. In der Meiji-Zeit hatten zwar schon einzelne Frauen die Gleichberechtigung der Geschlechter propagiert, zu einer eigentlichen Bewegung selbst kam es aber erst 1911 mit der Gründung der „Seitōsha" (Blaustrumpfvereinigung), einer Vereinigung aus Frauen der gehobenen Bürgerschicht, die erstmals eine höhere Schulausbildung genossen hatten und sich unter dem Einfluß der individualistischen Zeitströmung ihrer Fremdbestimmung durch die Familie bewußt geworden waren. Bezeichnenderweise setzte ihre Gesellschaftskritik deshalb auch nicht bei den politischen Rechten an, sondern bei dem Familiensystem. An erster Stelle stand für sie die Forderung nach der Entfaltung der individuellen Fähigkeiten der Frauen, zunächst auf literarischem Gebiet, dann allgemein. Die Familie war private Sphäre und nicht vom Staat zu vereinnahmen, und das führte zur Ablehnung des bestehenden Heiratssystems. Die Anführerin der Bewegung, Hiratsuka Raichō, zog daraus die Konsequenz und ging eine Ehe mit einem Maler ein, ohne diese amtlich zu melden.[41] Die Betonung der privaten Sphäre zeigte sich auch daran, daß zu dieser Zeit der Begriff „katei" (Familie) im Gegensatz zu „kazoku" (Familie, Verwandtschaft) und „ie" gebraucht wurde, welche primär die Familie als Glied einer genealogischen Kette umschreiben. Gegen Ende der Meiji-Zeit erschienen eine Reihe von Familien-Zeitschriften „Katei-zasshi", die sich neben den Frauen-

Zeitschriften „Fujin-zasshi“, an die Frauen der bürgerlichen Kleinfamilie wandten; außer Kochrezepten und Modevorschlägen gaben sie Hinweise zur Etikette und Lebensweise einer gehobenen, „modernen“ Familie. Sie waren ganz darauf ausgerichtet, die Frau in ihrer Rolle als „gute Ehefrau und kluge Mutter“ (ryōsai kenbō) zu bestärken und die Familie als Domäne der Frau zu verherrlichen. Damit war die geschlechtliche Arbeitsteilung, wie sie auch heute noch in der japanischen Gesellschaft vorherrscht, als allgemeine Norm vorgegeben.

6. Die Ideologisierung der Familie als „Familien-System“ (ie-seido)

> „Unsere Nation hat das Kaiserhaus zu seinem Stammhaus und ist ein großer Familienstaat aus der Einheit von Herrscher und Volk mit dem Kaiser für alle Zeiten in seinem Zentrum ... Sich für die Entwicklung des Staates einzusetzen, heißt, der Ehre des Kaisers zu dienen. Dem Kaiser loyal zu dienen, heißt, sein Land zu lieben und sein Gedeihen zu fördern ... Unser Staat ist ein großer Familienstaat. Das Kaiserhaus ist das Stammhaus des Volkes und das Zentrum staatlichen Lebens. In dem Gefühl der Verehrung seiner eigenen Ahnen verehrt das Volk das Kaiserhaus als sein Stammhaus, und der Kaiser liebt seine Untertanen wie seine Kinder.“[42]

Dieserart wurde die Idee vom ‚Familienstaat‘ 1937 in der Schrift „Die Essenz nationalen Wesens“ (Kokutai no hongi) festgelegt und für alle Schulen neben dem „Erziehungsedikt“ von 1890 als Richtlinie verbreitet. Zwei Gedanken bildeten den Grundstock dieser Ideologie: die Analogie von hierarchischer Familien- und Staatsstruktur und die Übertragung familialer Beziehungen auf staatliche Herrschaftsbeziehungen, indem das Verhältnis von Kaiser und Volk mit dem von Vater und Kindern verglichen wurde. Hozumi Yatsuka hatte in seinem Aufsatz „Das bürgerliche Gesetzbuch – der Untergang von Treue und Kindespflicht“ bereits hervorgehoben, daß in dieses Verhältnis auch die Ahnen miteinbezogen wurden:

„Unser seit alters her überliefertes Staatswesen beruht auf dem ie-System. Der Staat ist die Verlängerung des ie, das ie ist der Staat im Kleinen. Das ie-System zu erhellen, heißt deshalb auch, das Staatswesen zu erhellen. Das Land (kuni) ist der Zusammenschluß unseres Volkes, das sich auf dieselben Urahnen zurückführt; das Volk erlangt sein Leben, indem es sich dem Geist der gemeinsamen Ahnen unterwirft und deren Schutz genießt. Der kaiserliche Thron ist der Ort des Geistes der Ahnen unseres Volkes; die direkten kaiserlichen Nachfahren nehmen seinen Platz ein, und indem sie die Urahnen vertreten, schützen sie deren geliebte Enkel. Daß unser Volk sich einem kaiserlichen Herrscher aus einer einzigen kaiserlichen Linie unterwirft, bedeutet, daß es sich dem Geist derselben Eltern, Ureltern und Ahnen unseres Volkes unterwirft. Dies ist der Urgrund unserer Staatsgründung, auf den unser Volk fest vertraut. Da nun unser ie-System der Stützpfeiler dieses Staates ist, wie könnte man dann je seine von alters her überlieferte Existenz außer acht lassen?"[43]

Die Vorstellung vom Herrscher als Vater der Nation findet sich schon in den klassischen chinesischen Schriften und im Denken der Edo-Zeit. Doch Ende der Meiji-Zeit, als Japan sich dem Ausland gegenüber selbst zu definieren hatte, wurde sie zu einem Topos der Herrschaftsideologie. Das ie-System mit der Ahnenverehrung war, da es in westlichen Gesellschaften keine Parallelen gab, eine willkommene Entdeckung für die Meiji-Führer und fungierte angesichts des übermäßigen Einflusses westlichen Denkens als Rettungsanker nationalen Selbstverständnisses. Im Gegensatz zum ständigen Wechsel der politischen Systeme des Westens konnte Japan sich auf eine – angeblich – ungebrochene genealogische Kontinuität des Kaiserhauses berufen. In einem Volksschullehrbuch von 1913 wird die Besonderheit des japanischen Staates unter dem Titel „Großjapanisches Kaiserreich" hervorgehoben:

„... In der Welt gibt es viele Länder, aber es gibt kein Land mit einem Kaiser, der sich aus ein und demselben Stammhaus ableiten kann. Und alle vorangegangenen Kaiser haben ihre Untertanen wie ihre Kinder geliebt. Unsere Ahnen ihrerseits haben in Verehrung des Kaiserhauses den Weg der Vaterlandsliebe und der Kaisertreue begründet. Wir, die wir in ein so hehres Land geboren wurden, ein so geweihtes Kaiserhaus empfangen haben und wiederum die Abkömmlinge eines so tugendhaften Volkes sind, wir müssen vorzügliche, gute Japaner werden und unserem Kaiser dienen."[44]

Die Idee von der Besonderheit der Familie des eigenen Landes verleiht ein Gefühl der Überlegenheit und der Zusammengehörigkeit auf nationaler Ebene. Das ie wurde ahistorisch als unveränderliche Konstante der japanischen Geschichte und gleichzeitig als gesellschaftliches und staatliches Grundmuster menschlicher Beziehungen verstanden. Wie andere, dem Westen nacheifernde Länder, die sich gewaltsam aus der feudalistischen Vergangenheit zu befreien suchten, hielt Japan an anachronistischen personalen Beziehungen fest, obwohl die Grundlage, das Abhängigkeitsverhältnis zwischen Herr und Gefolgsmann, längst fehlte. Die Befreiung aus der Abhängigkeit in der Familie wurde zwar schon in der Meiji-Zeit von einzelnen Intellektuellen und einer Minderheit von Frauen gefordert, vielfach ist sie jedoch bis heute nicht realisiert.

Die These vom ie-System als Grundlage des japanischen Staates wurde schon in den achtziger Jahren des letzten Jahrhunderts im Zusammenhang mit dem Zivilgesetzbuchdisput verfochten, aber erst Ende der Meiji-Zeit erhob man sie zur Staatsideologie, als Japan aufgrund des Sieges im russisch-japanischen Krieg als imperiale Macht anerkannt wurde. Der Umschwung ist, wie Ishida Takeshi nachgewiesen hat, anhand der Schullehrbücher zum Moralunterricht (kokutei shūshinsho) nachzuvollziehen. Während die Lehrbücher vom Jahr 1903 noch Begriffe wie „Freiheit des Anderen", „Fortschritt der Gesellschaft", „Konkurrenz", „Glaubwürdigkeit" enthielten, überwiegen in den revidierten Lehrbüchern von 1910 die Begriffe „kaiserlicher Schrein", „(legendäre) Staatsgründung", „Blüte des nationalen Wesens" und „Einheit von Loyalität und Kindestreue".[45] Besonders letzteres wurde immer wieder betont, und indem die Loyalität gegenüber dem Kaiser gleichgesetzt wurde mit der Kindespflicht gegenüber den Eltern, wurde sie als etwas Natürliches, Spontanes hingestellt: „Der Dienst für den Kaiser ist keine sogenannte Pflicht und ist auch nicht durch Macht erzwungen. Er ist der natürliche, unmittelbare Ausdruck des Herzens, der freie Gehorsam und die freie Verehrung der höchsten Autorität", heißt es später wieder in der Schrift „Kokutai no hongi", mit der der Anspruch des

Staates auf den einzelnen verschleiert und die Unterwerfung moralisch sublimiert wurden.[46]

Das Konzept vom Familienstaat mit dem Kaiser an der Spitze entsprang aber nicht nur alten geistigen Traditionen Japans. Es wurde darüberhinaus wissenschaftlich untermauert durch die aus Europa importierten evolutionistischen und organizistischen Theorien vom Aufbau des Staates, nach denen alle Teile, hierarchisch strukturiert, aber organisch von einander abhängig, einer stetigen Höherentwicklung unterworfen sind.

7. Die Familie – ein privater Raum: die Taishō-Zeit (1912–1926)

Nach dem russisch-japanischen Krieg hatte die japanische Wirtschaft, angefacht durch die Kriegsproduktion und die Entwicklung der Schwerindustrie, einen kurzen Aufschwung genommen, von dem die Bevölkerung jedoch kaum profitierte. Steigende Preise und Steuerlasten brachten sie immer mehr in Bedrängnis und lösten schließlich Unruhen aus. Im letzten Jahr der Meiji-Ära, 1911, fand in Tokyo der sogenannte Straßenbahnstreik statt, der sich gegen die Fahrpreiserhöhungen richtete und von der Bevölkerung in einem bisher nicht dagewesenen Maß unterstützt wurde. Die Regierung, die schon seit Beginn des neuen Jahrhunderts Gesetze und Verordnungen erlassen hatte, um die oppositionelle Bewegung, vor allem die Sozialisten, zu unterdrücken, reagierte darauf mit zunehmenden Repressionen. Sie konnte aber nicht verhindern, daß die von ihr so geförderte Erziehung westlich aufklärerisches Denken weiter verbreitete und dies besonders in den Kreisen des städtischen Bürgertums großen Anklang fand.

Die Taishō-Zeit von 1912 bis 1926 war eine bewegte Periode. Außenpolitisch hatte Japan sich als gleichwertiger Partner neben den anderen westlichen Nationen zu behaupten, innenpolitisch war unter den Parteienregierungen der Wunsch nach größerem Mitspracherecht des Volkes lauter geworden und mündete schließlich in den Kampf um das allgemeine Wahlrecht. Als 1926, im letzten Jahr der Taishō-Zeit, das allgemeine Männerwahlrecht eingeführt wurde, erwiesen sich jedoch die Parteien als unfähig, die aufbrechenden Kräfte von links und rechts zu einigen. Attentate und coup d'etats bestimmten danach die politische Szene bis 1931, bis zu Japans Überfall auf die Mandschurei. Hinzu kam, daß der wirtschaftliche Aufschwung besonders der Großindustrie nach dem Ende des ersten Weltkriegs die Gegensätze von Stadt und Land deutlich werden ließ. Als 1918 Frauen eines Fischerdorfes der Provinz Toyama gegen den Reispreis protestierten, lösten die Zeitungsberichte darüber spontan im ganzen Land ähnliche Unruhen aus, die als „Reisunruhen" in die Geschichte Japans eingegangen sind. Dennoch änderte sich an der Lage auf dem Land nichts. Die Industrie zog immer mehr Arbeitskräfte vom Land in die großen Städte wie Tokyo und Osaka. Es bildete sich hier eine neue Mittelschicht mit einer städtischen Kultur heraus, die immer noch stark westlich beeinflußt war, aber auch zunehmend eigenes, unabhängiges Bewußtsein entwickelte.

Während auf dem Land Stagnation und Armut herrschten und immer mehr Bauern, um zu überleben, ihr Land in Pacht gaben, erlaubte der relative Wohlstand der städtischen Mittelschicht, sich privaten Bedürfnissen und Interessen zu widmen. Die Taishō-Zeit gilt als die Zeit der Entdeckung des Individuums, der Männer wie der Frauen, die eine höhere Bildung genossen hatten. Ihnen wurden die Fesseln, die die traditionelle Familie ihrer Freiheit und ihrer Entfaltung eigener Fähigkeiten auferlegte, besonders schmerzlich bewußt. So erlebten die Mitglieder der Seitō-Bewegung, daß auf ihre Kritik am ie-System hin junge Frauen hilfesuchend in das Büro der Seitō-Vereinigung kamen, um sich aus der bedrängenden familiären Situation zu lösen. Nicht wenige Frauen entschlossen sich, ihrer Ehe und Familie zu entfliehen. Es überrascht nicht, daß die Aufführung von Ibsens „Nora" im Jahr 1911 ein großes Echo und heftige Diskussionen auslöste.

Die autoritäre Vaterfigur, wie sie für die Meiji-Zeit typisch war, wurde jetzt nicht mehr widerstandslos ertragen. Das Drama Kikuchi Kans „Die Rückkehr des Vaters" (Chichi kaeru) 1917 hat einen Vater zum Protagonisten, der nach einem ausschweifenden Leben in seine Familie zurückkehrt und dort seine ursprüngliche Position als Hausvorstand wieder einnehmen will. Er wird jedoch von dem Sohn, der inzwischen den Hausvorstand führt, schroff abgewiesen. Erst in letzter Minute wird er zurückgerufen.

Die Mißachtung der bislang gültigen konfuzianischen Maximen stieß bei der jüngeren Generation der Taishō-Zeit spontan auf Sympathie. Ein Jahr später, 1918, setzte sich Hani Motoko, die erste Journalistin Japans und Begründerin der Zeitschrift „Freund der Frau" (Fujin no tomo), in einem Artikel in derselben Zeitschrift mit der Frage auseinander, warum der blinde Gehorsam gegenüber den Eltern, die blinde Kindespflicht (kō) nicht mehr möglich sei. Nur die freie Zuneigung zwischen Eltern und Kindern könne heute spontanen Gehorsam wecken, argumentierte sie.[47]

Aber die Familie der Taishō-Zeit war nicht bloß Objekt der Kritik – die neu aufkommenden Frauen- und Familienzeitschriften griffen Familien- und Frauenthemen allgemein auf und projizierten als Wunschbilder das Glück des eigenen Heims und die Familienharmonie. Zum Vergleich und Vorbild zog man auch hier wie in vielen anderen Bereichen die westliche Familie heran, meist die der Oberschicht westlicher Länder. Ganz im Gegensatz zu heute wurde die westliche Familie als warme, gefühlsbetonte Gemeinschaft mit dem Kind im Zentrum beschrieben. Die japanische Familie sei dagegen zu sehr auf die Autorität der Eltern und den Gehorsam der Kinder konzentriert und verhindere eher den freien Austausch der Gefühle durch die Betonung rechter Formen. Es ist heute schwer auszumachen, wo Westliches idealisiert und Einheimisches degradiert wurde.

So wird überhaupt damals wie heute in Aussagen über die Familie Subjektives und Objektives leicht vermischt. Als die Zeitschrift „Fujin kōron" (Forum der Frau) im Jahr 1923 Aufsätze zu dem Thema „Die ideale Familie" sammelte, zeigte

Abb. 5: Vor dem Zweiten Weltkrieg mischten sich Tradition und westlicher Einfluß in den neuen Vorstellungen über Familie, Liebe und Ehe, was sich auch in der Hochzeitskleidung ausdrückte.

sich in den überwiegenden Fällen eine starke Sehnsucht nach einem harmonischen Familienleben. Nur eine Einsenderin wagte es, die Beziehungslosigkeit in der Familie zu beschreiben. Man sitze zwar am selben Tisch, esse dasselbe Essen, aber „in seinem Innern hat jeder eine Mauer um sich errichtet und lebt für sich allein. Jeder hat seine Wünsche und Sehnsüchte, aber keiner wagt, sie angesichts der Aussichtslosigkeit offenzulegen."[48] Auch die jüngste Serie „Kazoku" (Familie), in der die Asahi-Zeitung 1987/88 über mehrere Monate Leserbriefe zum Thema Familie veröffentlichte, zeichnete sich durch den Gegensatz idealisierender, beschönigender Bekenntnisse zur Familie einerseits und schärfster Kritik an der gegenwärtigen Familie andererseits aus. Es dürfte schwer sein, Beziehungslosigkeit oder Gefühlsbetontheit als Charakteristika einer Zeit oder eines nationalen Typus von Familie herauszustellen. Die Serie „Kazoku" zeigte einmal mehr, daß die Vielfalt möglicher Beziehungen kaum auf einen Nenner zu bringen ist.

Daß dennoch in der Taishō-Zeit das Innenleben der Familie in den Zeitungen und Zeitschriften zur Sprache kam, geschah nicht von ungefähr. Die Familie war jetzt nicht mehr der unantastbare, heilige Bereich, der vor den Blicken der Öffentlichkeit zu schützen ist. In Leserbriefen und Rubriken wie den „Kummerkästen" (mi no ue sōdan) wurde offen über Konflikte in der Familie, nicht zuletzt auch über Eheprobleme geschrieben. Dies dürfte überdies einhergehen mit der bekenntnishaften Tendenz in dem damals vorherrschenden literarischen Genre des Ich-Romans (shi-shōsetsu), in dem die Innenwelt des Autors schonungslos dargelegt wurde und zwangsläufig auch die Schwierigkeiten in der eigenen Familie zur Sprache kamen. Daß dieser Rückzug auf das Private, Persönliche die Gefahr in sich barg, die politischen Ereignisse, die dann schließlich zum Krieg mit China und den USA führten, nicht hinreichend wahrzunehmen, hat der Politologe Ishida Takeshi anhand seiner Analyse damaliger Zeitschriften herausgearbeitet.[49] Es ist fraglich, inwieweit die Kritik am überkommenen Familiensystem in der End-Taishō- und anfänglichen Shōwa-Zeit von dem mit dem täglichen Existenzkampf

Abb. 6: Während der Taishō-Zeit flohen immer mehr Frauen vom Land in die Stadt. Sie wollten nicht nur den harten Lebensbedingungen entkommen, sondern auch der strengen Hierarchie der Großfamilie und der Kontrolle des Dorfes.

befaßten Volk aufgenommen wurde. Wirtschafts- und Finanzkrisen gipfelten schließlich in dem Zusammenbruch durch die Weltwirtschaftskrise 1929. Die Streiks in den Fabriken und die Pächterunruhen auf dem Land hatten zugenommen, und sowohl Arbeiter wie Pächter begannen, sich in eigenen Organisationen zu solidarisieren. Dies alles zeigte zur großen Beunruhigung der Regierung, daß das personale Verhältnis von Arbeitgeber und Arbeitnehmer einem sachlicheren, vertraglichen Verhältnis gewichen war. „Ein Dorf, eine Familie", war ein Wort, das der Vergangenheit angehörte.

Abgesehen von polizeilichen und sonstigen repressiven Maßnahmen reagierten die Regierung und die konservativen Politiker darauf, indem sie versuchten, über Erziehungspolitik und ideologische Indoktrination das Rad der Geschichte zurückzudrehen oder zumindest umzulenken, wie es aus der bereits zitierten Schrift „Kokutai no hongi" deutlich wurde. Weniger bekannt ist jedoch, daß dies auch auf Gesetzesebene geschehen sollte, indem konservative Politiker, denen das Meiji-Gesetzbuch schon immer zu westlich erschien, 1917 eine Revision der die Familie betreffenden Paragraphen anregten. Man begründete dies damit, daß eine Diskrepanz bestehe zwischen dem in der Erziehung zum Vorbild gemachten traditionellen Familiensystem und der westlich fundierten Gesetzgebung. So sei das ie an keiner Stelle definiert, erscheine aber als Eigentum des Hausvorstands, dem alle anderen Mitglieder untergeordnet seien. 1919 setzte man eine Rechtskommission ein, die darüber beraten sollte, wie die betreffenden Paragraphen im Sinne der „guten alten Sitte" (ryōfū bizoku) zu ändern seien. Paradoxerweise setzten sich jedoch diejenigen ihrer Mitglieder durch, die die Gelegenheit nutzten, um die Gesetze den gesellschaftlichen Gegebenheiten anzupassen; so sahen die Entwürfe vor, daß das Recht des Hausvorstands auf Streichung einer Person aus dem Register (riseki) abgeschafft und sein Einspruchsrecht bei Heiraten oder Scheidungen eingeschränkt wurde; der Frau sollte, auch wenn sie verheiratet war, ein gewisses Vermögensrecht zugestanden und in der Scheidung annähernde Gleichstellung gewährt werden; und schließlich sollte es einem erwachsenen Sohn erleichtert werden, ein Zweighaus zu gründen.[50] Durch den Kriegsausbruch mit China kam jedoch keiner dieser Entwürfe zur Verabschiedung, und die privilegierte Position des Hausvorstands blieb bis zum Ende des Zweiten Weltkriegs bestehen.

Zur Durchführung seiner Expansionspolitik auf dem chinesischen Festland brauchte Japan ab 1937 die Kräfte seiner gesamten Bevölkerung. 1938 verkündete die Regierung die Generalmobilmachung, die für die einzelnen Familien negative wie positive Auswirkungen hatte. Sie bedeutete einerseits die totale Kontrolle aller Familienangehörigen und deren Aktivitäten, die jederzeit zu Kriegsdiensten umfunktioniert werden konnten, andererseits aber auch, daß der Staat diesen Familien, auf die er so angewiesen war, eine gewisse Fürsorge und Existenzsicherung zuteil werden lassen mußte.

Pläne für eine Generalmobilmachung waren schon in den zwanziger Jahren entwickelt worden, als das Militär in Reaktion auf den Ersten Weltkrieg die Auswirkungen eines totalen Kriegs für Japan erwog. Die hier entwickelten Bevölkerungsmaßnahmen gingen dann in die Politik der dreißiger Jahre ein, von der die Familie entscheidend betroffen war. Das erste Gesetz, das direkt in die Familie eingriff, war das „Gesetz zur Verhinderung von Kindesmißhandlungen" (jidō gyakutai boshihō), das einem örtlichen Beamten die Befugnis erteilte, ein Kind gegebenenfalls der elterlichen Gewalt zu entziehen – ein nicht unerheblicher Eingriff in die Familie, wenn man bedenkt, welche große Rolle verwandtschaftliche und nachbarschaftliche Gemeinschaften bislang gespielt hatten. 1939 wurde das Gesetz zur Errichtung eines Schlichtungsorgans in Familienangelegenheiten ratifiziert, das von Konservativen wie von Progressiven getragen war und in eine Reihe gesetzlicher Maßnahmen zur sozialen Befriedung gehörte. So war 1924 bereits ein „Schlichtungsgesetz für Pächterunruhen" und 1926 eines für Arbeitskämpfe erlassen worden. Bei der Verabschiedung des Gesetzes von 1939 sprach der Justizminister von „einer dringenden Notwendigkeit, in dieser Zeit des Notstands Familienzwistigkeiten durch ein Schlichtungsorgan beizulegen."[51] Diese „Notwendigkeit" ergab sich vor allem daraus, daß sich die Streitigkeiten über den Versorgungsanspruch von Kriegshinterbliebenen häuften. Nicht selten nutzten die Hausvorstände ihr Recht auf Verstoßung, um die Schwiegertochter von dem Versorgungsanspruch nach dem Tod des im Krieg gefallenen Sohnes auszuschließen. Aber auch generell hatte schon in der Taishō-Zeit die Tendenz zugenommen, daß Eltern und Kinder gegeneinander prozessierten.

Wie bereits angedeutet, gewann das Familiensystem als Keimzelle eines harmonischen Staatswesens unter dem japanischen Faschismus der dreißiger und vierziger Jahre zentrale ideologische Bedeutung. Als willkommenes Integrationsinstrument konnte es sowohl auf überkommenes konfuzianisches Denken wie auf moderne organizistische Vorstellungen von der naturhaft wirkenden Staatsordnung zurückgeführt werden. Bereits 1937 setzte die von oben gelenkte „Bewegung zur geistigen Mobilmachung des Volkes" über die jeweils offiziellen Kanäle der Erziehung und der politischen Indoktrination ein. Zwei Jahre später gab das Kultusministerium „Richtlinien für die Erziehung in der Familie zu Kriegszeiten" (senji katei-kyōiku shidō yōkō) heraus, die die Familie eindeutig patriarchalisch und ahnenbezogen definierten: „Die Familie beruht auf der Einheit von Ahnen und Nachkommen und gruppiert sich um den Hausvorstand als Zentrum. Sie ist die natürlichste Lebensform, indem sie sich auf die Beziehung von Eltern und Kindern gründet."[52] „Angesichts der historischen Realität, daß das Kaiserhaus als Stammhaus verehrt wird, und der Staat sich stets selbst als ein ie weiterentwickelt, ist die Familie der Ausbildungs- und Trainingsort der Jugend, wo die Identität von Loyalität gegenüber dem Staat und Liebe gegenüber den Eltern (chūkō ippon) gelehrt wird."[53]

Auf diesem Hintergrund erhielt die Frau als Hüterin der kommenden Generation ähnlich der Verklärung der Mutterrolle bei den deutschen Nationalsozialisten eine herausragende Rolle: „Die Mutter hat die kommende Generation des kaiserlichen Volkes heranzuziehen und für eine gesunde Familie zu sorgen." Dazu gehört, daß „sie die ursprünglichen Tugenden der japanischen Frau, Gehorsam, Liebenswürdigkeit, Treue, Duldsamkeit und Dienstbereitschaft" heranbildet.[54] Ministerpräsident Tōjō Hideki verwandte dafür in einer Rede eine Diktion, wie wir sie aus nationalsozialistischen Ansprachen kennen: „Der warme Urgrund, aus dem heraus die Familie geschützt, die Kinder herangezogen werden und der dem Ehemann, den Kindern und Geschwistern die Kraft gibt, vor oder hinter der Front zu kämpfen, dieser Urgrund liegt im Familiensystem. Er ist die Berufung der Frauen und muß in alle Ewigkeit erhalten bleiben."[55] Während in der Nazi-Ideologie die mythologische Blutsgemeinschaft den „Urgrund" aller Verbundenheit ausmachte, war dies in Japan die Gemeinschaft des von den Ahnen begründeten ie. In der Nazi-Ideologie stand der einzelne im Dienst eines völkischen Ganzen; in Japan war stets das ie dazwischengeschaltet. Das persönliche Interesse war damit eingebunden in die familiale Primärgruppe, so daß ein Interessenkonflikt zwischen Familie und Staat, wie er unter Umständen in Deutschland gegeben war, in Japan so nicht aufkommen konnte.

Dem Kollektiv der Familie konnte sich der einzelne zwar weniger leicht entziehen als dem Staat, er erfuhr aber auch Schutz vor dem Staat. So manche Forderungen der Regierung scheiterten am Egoismus familialer Gemeinschaften, was unter anderem anläßlich der Generalmobilmachung deutlich wurde. Man beklagte, daß es in diesen Notstandszeiten zum Horten oder Zurückhalten von Waren kam. Dies sei ein Zeichen für familialen Egoismus, der nicht mit dem westlichen Individualismus zu erklären sei, sondern eher eine Entartung des Familiensystems Japans darstelle. Die der Unterschlagung oder Veruntreuung angeklagten Personen zeigten kaum Schuldbewußtsein, sondern rechtfertigten ihr Handeln mit dem Pflichtgefühl gegenüber Verwandten oder sonstigen Personen, denen man Dankbarkeit schuldig war.[56]

Auch bei der damaligen linken Opposition kam die enge Bindung an die Familie zum Tragen. Am 15. März 1928 waren in einer Großrazzia im ganzen Land Sozialisten, Kommunisten und Sympathisanten linken Denkens verhaftet worden. 483 Personen, darunter 147 Schüler und Schulabsolventen, wurden angeklagt. Die meisten von ihnen wurden während der Haft ihrer ursprünglichen Überzeugung untreu, weshalb der Vorfall als „tenkō“ (geistige Umkehr) in die japanische Geschichte eingegangen ist. Die Regierung, an den Motiven dieser „Umkehr“ interessiert, stellte in einer Untersuchung fest, daß es in den überwiegenden Fällen die Sorge um die Auswirkung der Verhaftung auf die eigene Familie war, die die Verhafteten zum Widerruf ihrer Ansichten veranlaßte. Diese Kenntnis sollte bei den künftigen Versuchen zur Umstimmung linker Oppositioneller ausgenutzt werden.[57]

Mit ihrem Appell an den Familiengeist des vom Kaiser geführten japanischen Staates gelang es der Regierung geschickt, die vormodernen Loyalitäten des ie-Systems umzufunktionieren in einen staatlichen Patrimonialismus. Viele Eltern, so berichteten die Zeitungen, konnten es oft kaum erwarten, daß ihre Söhne in den Krieg für den Kaiser eingezogen wurden. Wenn der Einzugsbefehl endlich eintraf, feierten sie ihn mit Verwandten und Nachbarn. Viele Mütter wollten ihre Söhne nicht unbedingt in den Tod schicken, aber sie wagten nicht, dies laut zu äußern. Für die Allgemeinheit stand der Sieg Japans in diesem Krieg völlig außer Zweifel. Frauen, die den Krieg als Zwanzigjährige miterlebt hatten, erinnerten sich später, es sei ihnen gar nicht in den Sinn gekommen, an eine Niederlage zu denken. Es habe für sie festgestanden, daß der Krieg eine gerechte und notwendige Sache sei.[58]

Auch in den „Kummerkästen“ der Zeitungen war der Einfluß des Staates zu spüren. Vom Idealismus der Taishō-Zeit war nichts übrig geblieben. Die Ratschläge, die erteilt wurden, liefen unter anderem darauf hinaus, daß die Beziehung zu den Eltern Vorrang habe vor der Zuneigung zu einem Partner oder daß eine alleinstehende Mutter ihre Beziehung zu ihrem Kind nicht durch einen fremden Mann beeinträchtigen lassen dürfe.

Die ideologische Sublimierung der Familie als Keimzelle des Staates stand in direktem Verhältnis zu ihrer Beeinflussung durch den Staat selbst. Als Ort der Reproduktion der Bevölkerung und der Erziehung staatlich angepaßter Bürger nahm sie eine zentrale Rolle ein und wurde zum Gegenstand

Abb. 7: Dem Geburtenrückgang versuchte die japanische Regierung 1939 durch das „Amt für Bevölkerungsfragen" entgegenzuwirken. In staatlichen Frauenvereinigungen wurde die Rolle der Mutter propagiert, Söhne für Krieg und Vaterland heranzuziehen.

gezielter Bevölkerungspolitik. Mit Beginn des chinesisch-japanischen Kriegs 1937 erörterte man in Regierungskreisen die Sicherung des „Menschenmaterials". Der schlechte Gesundheitszustand der Rekruten und der Geburtenrückgang gaben den Anlaß für die Errichtung eines „Amts für Bevölkerungsfragen" innerhalb des Wohlfahrtsministeriums im Jahr 1939. Ab 1940 wurden für Männer bis zum 26. und für Frauen bis zum 20. Lebensjahr Gesundheitsprüfungen vorgeschrieben. Falls der Gesundheitszustand nicht befriedigend war, wurden die Personen einer speziellen gesundheitlichen Anleitung unterzogen. Eine Empfehlung von 1939 hob hervor, daß das Bevölkerungswachstum entscheidend von dem wirtschaftlich stabilen Leben der Bevölkerung abhinge. Um dies zumindest dem Anschein nach zu fördern, wurden besondere Vergünstigungen und Prämien für Heiraten in Aussicht gestellt, um die Familienplanung zu fördern. Die Abtreibungen wurden erschwert, andererseits wurden Sterilisationen gesetzlich geregelt und konnten, wenn ein „öffentliches Interesse" vorlag, zwangsweise vorgenommen werden.[59]

Die Erfassung der Bevölkerung und die Maßnahmen zur Verbesserung der Lebensbedingungen waren zwei Seiten der Medaille. Indem die Regierung zur Durchführung ihrer Pläne den Einsatz aller erwachsenen Männer beanspruchte, gefährdete sie das von ihr so gepriesene ie in seiner Existenz und bürdete die Verantwortung den Frauen und Alten auf. Sie konnte daher nicht umhin, den Familien eine gewisse staatliche Unterstützung zu gewähren. So entstand durch den Krieg erstmals in Japan eine staatliche Wohlfahrtspolitik, auch wenn diese bei weitem nicht an die europäischer Länder heranreichte. Wo dieser Politik die Mittel ausgingen, was nicht selten der Fall war, appellierte man an die gegenseitige Pflicht zur Unterstützung innerhalb der Familie, der Verwandtschaft und der regionalen Gemeinschaft. Daß sich die Regierung dabei auch in Widersprüche verwickelte, zeigte sich unter anderem bei der zwangsweisen Einbeziehung der Frauen in die Rüstungs- und Industrieproduktion. Noch 1942 verkündete der Wohlfahrtsminister, die feindlichen Länder zögen zwar zur Sicherung der Arbeitskräfte die Frauen ein, in Japan aber werde mit Rücksicht auf das Familiensystem nicht an eine solche Rekrutierung gedacht.[60]

Als der Krieg immer mehr Opfer verlangte und die japanische Wirtschaft in immer größere Bedrängnis geriet, wurde ab Anfang 1943 auch für den Einsatz der Frauen in der Industrie plädiert. 1944 kam es dann zur Errichtung eigener Brigaden von 12- bis 39jährigen Frauen, den joshi kinrō teishintai.

Nach dem Kriegsausbruch mit China 1937 änderte sich die Lage der Frau auf dem Land drastisch. In der Taishō-Zeit hatten die Landfrauen aktiv an der Bewegung zur Verbesserung der Lebensbedingungen teilgenommen, die mit dem Ziel gegründet war, der Landflucht entgegenzuwirken. Mit zunehmender wirtschaftlicher Notlage wurde ihnen jedoch der Spielraum und die Energie für ein solches Engagement genommen. In den regionalen Zeitschriften für die Landfrauen beklagten sie sich, daß sie mit der Arbeit auf dem Feld und im

Haus mehr zu leisten hätten als die Männer und daß ihnen nicht die geringste Zeit bliebe, sich weiterzubilden. Wichtiger sei ihnen aber, daß ihre Arbeit gebührend anerkannt und sie aus der Bevormundung des ie entlassen würden.[61]

Das aufkommende Selbstbewußtsein wurde bald vom Kriegsgeschehen unterdrückt. Die Frauengruppen wurden eingegliedert in nationale Organisationen wie die Dai-Nihon-fujinkai (Frauenvereinigung Großjapans) und die Kokubō fujinkai (Frauenvereinigung zur Verteidigung Japans). Hier appellierte man nicht mehr so sehr an die Arbeitskraft der Hausfrauen als an die Pflicht der Mütter, Söhne für den Krieg heranzuziehen. Die Frauen, die für die Anerkennung ihrer Arbeit gekämpft hatten, standen der anonymen staatlichen Macht offenbar hilflos gegenüber. Selbst diejenigen, die den Abwurf der Atombombe überlebten und denen Familien und Häuser genommen wurden, schienen apathisch und frei von Anklage. Ihre Schicksalsergebenheit, aber auch ihre Unwissenheit über die kausalen Zusammenhänge der Kriegsereignisse waren größer als ihr Bewußtsein vom Recht auf Leben. Nicht zuletzt hatte sie das Grauen des Erlebten wortlos gemacht.[62]

Nachdem die Väter und Söhne in den Krieg eingezogen waren, wurden die unverheirateten Frauen, die Studenten und Schüler zu Arbeitsdiensten einberufen. Die Altersgrenze für Wehrpflichtige wurde Schritt für Schritt herabgesetzt, bis schließlich 15- bis 17jährige Schüler zu besonderen Angriffseinheiten wie den Kamikaze abgeteilt wurden. 1944 entriß man den Eltern in den Großstädten die schulpflichtigen Kinder, da diese zusammen mit den Lehrern aufs Land evakuiert wurden. Wenn sie in die Städte zurückkamen, mußten sie nicht selten feststellen, daß ihr Elternhaus in Asche lag und daß sie Waise geworden waren.

Welche Wunden der Krieg in den Familien hinterlassen hat, ist heute noch am Fernsehschirm zu sehen. Seit einigen Jahren kommen auf Einladung der japanischen Regierung Gruppen von Waisen, die als Kleinkinder in China zurückgelassen wurden oder gewaltsam in den Wirren von den Eltern getrennt wurden, um nach 40 Jahren ihre Verwandten zu suchen. Wenn sie das Glück haben, Eltern oder Geschwister zu finden, stehen sie vor der Alternative, als „Fremde“ in der reichen, japanischen Heimat oder weiter als „Waise“ in der vertrauten Fremde, in China, weiterzuleben.

III. Die Familie im Nachkriegsjapan (1945 bis heute)

1. Kampf ums Überleben und Wiederaufstieg (1945–1955)

Der Wandel der japanischen Familie nach 1945 in ihrer rechtlichen Grundlage, ihrer Mitgliederstruktur und in ihren Lebensbedingungen ist so radikal gewesen wie zu keiner anderen Epoche. Nicht mehr der Hausvorstand allein, sondern das Ehepaar gemeinsam hat die rechtliche Verantwortung für die Familie zu tragen, deren Größe seit 1970 von fünf auf 3,6 Personen drastisch geschrumpft und deren Funktionsfähigkeit in vielem stark eingeschränkt ist. Erstmals zeigt die japanische Familie in ihrer Zusammensetzung und in ihrer Anfälligkeit große Ähnlichkeit zu den anderen Industrienationen. Das Tempo, mit dem sie dieses Stadium erreichte, ist jedoch ohne Beispiel in der westlichen Welt und hat von dem einzelnen, besonders der älteren Generation, ein hohes Maß an Anpassung gefordert. Viele Probleme resultieren heute aus der Diskrepanz zwischen der raschen gesellschaftlichen Entwicklung und dem Bewußtsein von der Funktion der Familie.

Das soziale Gefüge Japans war durch den Zweiten Weltkrieg zunächst aus den Angeln gehoben, kaum eine Familie, die nicht ein Familienmitglied verloren oder die Lebensgrundlage eingebüßt hatte. Seit dem Krieg mit China 1937 hatten 3,1 Millionen Menschen, Soldaten wie Zivilisten, ihr Leben lassen müssen. Die Luftangriffe auf die großen Städte hinterließen bei Kriegsende 30 Prozent der Bevölkerung ohne ein Dach über dem Kopf. Der größte Teil der Industrieanlagen war zerstört. 560000 Frauen blieben als Witwen mit ihren Kindern oder mit den Eltern des Mannes allein zurück. Zahllosen jungen Frauen waren die zukünftigen Ehemänner geraubt. Von den 6,5 Millionen Heimkehrern waren bis Ende 1946 bereits fünf Millionen repatriiert. Sie stellten eine zusätzliche Belastung für die halbverhungerte Bevölkerung dar. Eine Heimkehrerin aus China erinnert sich, daß die Freude über das Wiedersehen mit den Verwandten meist sehr kurz war und bald von der Sorge um das Überleben verdrängt wurde. Auch seien die Heimkehrer unwillkommen gewesen, weil sie Läuse mit ins Land gebracht hätten.[1]

Wie in Europa erwarteten die heimkehrenden Soldaten oft familiäre Tragödien, weil sie fälschlicherweise totgesagt worden waren und die Frauen wieder geheiratet hatten oder die Entfremdung durch die Kriegserlebnisse zu groß war. 1946 stieg die Scheidungsrate um das Doppelte an, lag aber immer noch wesentlich unter der der USA, Dänemarks und Schwedens im gleichen Jahr. Viele Ehen, die der Krieg verhindert hatte, wurden nun in aller Eile geschlossen und führten zwischen 1947 und 1949 zum ersten „babyboom". Andererseits nahmen bei Frauen über 30 Jahren im selben Zeitraum die Abtreibungen aus wirtschaftlicher Not in einem Maße zu, daß sich die Regierung 1948 gezwungen sah, ein Gesetz zur Legitimierung der Abtreibung zu verabschieden, um die ärztliche Kontrolle zu stärken.

Die ersten Nachkriegsjahre waren bestimmt von Lebensmittelknappheit, extremer Inflation und hoher Arbeitslosigkeit. Die Preise waren, im Vergleich zur Vorkriegszeit um das 200fache gestiegen. Der Schwarzmarkt florierte. Erst mit der drastischen Deflationspolitik von 1948/49 wurden die Preise wieder stabil, aber gleichzeitig stieg die Arbeitslosigkeit an. Von sechs Millionen Arbeitslosen im Jahr 1946 galt die Hälfte als „verdeckt", da sie meist bei ihren Familien auf dem Land untergekommen waren. Aber auch dort war die Situation angespannt, da die Bauern gezwungen waren, abgesehen von einem geringen Anteil für den Eigenbedarf, allen geernteten Reis in die Städte abzuliefern. Sobald Aussicht auf einen Arbeitsplatz bestand, wanderten die überzähligen Familienmitglieder wieder vom Land in die Stadt, wo sie einzelne kleine Haushalte gründeten.

Die Wende und der Aufschwung Japans kam mit dem Koreakrieg 1950, durch den Japan für die USA eine völlig neue Bedeutung gewann. Die Großhandelspreise stiegen um 60 Prozent an (in Europa um 20 Prozent) und der Lebensstandard verbesserte sich merklich. 1956 verkündete das Wirtschaftsweißbuch, die Nachkriegszeit sei nunmehr vorüber. Indizien dafür waren, daß die Wirtschaft ihren Stand der Vorkriegszeit wiedererlangt hatte und daß im Konsum jetzt nicht mehr nur die Beschaffung von Lebensmitteln im Vordergrund stand, sondern angefacht durch die Produktion synthetischer Materialien auch die Kleidung und bald darauf die Anschaffung elektrischer Geräte. Waren es anfangs noch hauptsächlich der elektrische Heizofen und der Mixer, so folgten bald die sogenannten „heiligen drei Insignien" (sanshu no shingi) eines jeden Haushalts, der Staubsauger, die Waschmaschine und ab 1957 der elektrische Eisschrank. Mindestens eines davon gehörte von nun an zur Aussteuer einer jungen Braut. Das augenfälligste Beispiel für die rasche Anhebung des Lebensstandards stellte die Verbreitung der Fernsehapparate dar, die von etwa 16000 ausgelieferten Apparaten im Jahr 1953 auf über zehn Millionen im Jahr 1961 angestiegen war.

Dennoch stimmten die offiziellen Daten für das Ende der Nachkriegszeit nicht unbedingt mit dem allgemeinen Lebensgefühl überein. Noch war die tägliche Existenz Mitte der fünfziger Jahre von Mangel, Unsicherheit und Arbeitssuche bestimmt. Eine Frau erinnert sich, daß die Lobeshymnen auf die Wirtschaft im Volk eher allgemeine Verblüffung erregten. Elektrische Geräte galten als Luxusgüter der Oberschicht, und tatsächlich waren Waschmaschinen zu 60 Prozent im Jahr 1957 in den Schichten mit höherem Einkommen vertreten, aber in Familien mit niederem Einkommen nur zu 13 Prozent.[2]

Auch die sozialen Folgen des Kriegs waren im Jahr 1955 noch nicht überwunden. Nicht nur daß sich in den ersten Jahren nach Kriegsende zahlreiche Mütter mit ihren Kindern das Leben nahmen, weil sie keinen Ausweg sahen aus der materiellen Notlage. Viele Kinder verwahrlosten und wurden kriminell, da sich die Eltern nicht um sie kümmerten. In den Leserbriefen und ratsuchenden Zuschriften an die Zeitungen kam der sich anbahnende Generationskonflikt zum Ausdruck. Die Mütter hatten wenig Verständnis für die neuen Freiheiten der Töchter, die Väter, von der Arbeit absorbiert, fanden keine Zeit, auf ihre Söhne einzugehen, die aber ihrerseits stark an sozialen Fragen interessiert waren. Mit zunehmendem wirtschaftlichem Aufschwung entfremdeten sich die Jungen von den Alten und gingen ihre eigenen Wege. 1955 eröffnete die Asahi-Zeitung eine Diskussion über die Vaterrolle, die zeigte, daß auch in Japan die „vaterlose Gesellschaft" problematisiert wurde – die Generationen warfen sich gegenseitig Unverständnis vor.[3]

2. Familiengesetzgebung und Familienpolitik nach 1945

Seine rechtliche Verfassung der Familie heute hat Japan der Niederlage im Zweiten Weltkrieg und der Besatzung durch die Amerikaner zu verdanken. Mit der Absicht, alle vormodernen, die Freiheit des Individuums einschränkenden Institutionen und Gesetze abzuschaffen, griff die amerikanische Besatzungspolitik tief in die Beziehungen am Arbeitsplatz und in der Familie ein. Die neue Verfassung legte zunächst die Grundlagen der Demokratisierung der japanischen Gesellschaft, indem sie in ihrem Artikel 24 „die Würde des Einzelnen in der Familie und die Gleichheit der Geschlechter" garantierte. Demnach sollen „Heiraten nur auf dem Willen der beiden Partner begründet sein, die beide dieselben Rechte haben und die Pflicht, die Ehe in gemeinsamer Zusammenarbeit aufrechtzuerhalten."[4] Der alte Grundsatz des Zivilgesetzbuches der Meiji-Zeit, wonach die Frau mit der Heirat „in das Haus des Mannes einzutreten habe", ist ebenso abgeschafft wie die Sonderstellung des Hausvorstands. Die Gründung und Aufrechterhaltung der Familie unterlag nun allein dem Willen der beiden Ehepartner.

Auch nach 1945 blieben diese individualistischen Prinzipien

nicht unwidersprochen. Der damalige Justizminister Kimura Tokutarō bemühte sich daraufhin, zu betonen, daß zwar die Familie unter der Ägide des Hausvorstands abgeschafft worden sei, nicht aber die gute alte Sitte, die Ahnen zu verehren und die Genealogie der Familie zu wahren.[5] Eine ähnliche Trennung nahm auch der maßgeblich an der Revision des neuen Zivilgesetzbuches beteiligte Rechtsgelehrte Wagatsuma Sakae vor, der zwischen dem Familiensystem als „Idee" und jenem als „Rechtssystem" unterschieden wissen wollte. Nur letzteres galt es zu reformieren.

Der Verfassungsgrundsatz des Artikels 24 wurde in den jeweiligen Gesetzen des Zivil- und Strafgesetzbuches konkretisiert. Die Unmündigkeit der verheirateten Frau in Vermögensdingen wurde wie das Alleinerbe und das Bestimmungsrecht des Wohnsitzes durch den Hausvorstand abgeschafft. Das Recht auf Scheidung wurde Mann und Frau gleichermaßen zugesprochen, und im Strafrecht beseitigte man die Strafbarkeit des Ehebruchs seitens der Frau. Die bislang so vernachlässigte Sozialgesetzgebung wurde gemäß Artikel 25 der Verfassung, wonach „jeder Bürger das Recht habe, ein Leben in Gesundheit und mit einem Mindestmaß an Kultur zu führen", bedeutend vorangetrieben. In Zivilrechtsstreitigkeiten führte man ein „Familiengericht" (katei saiban) ein, das das Jugendgericht der Vorkriegszeit ersetzte, vor allem schlichtende Funktion hatte und somit flexibel auf die Veränderungen der Gesellschaft eingehen konnte.

Auch in der Frage der Registrierung setzte sich der Einfluß der Amerikaner durch. Während die japanische Seite die alte Form des Hausregisters (koseki) beibehalten wollte, fürchteten die Amerikaner eine Wiederbelebung des ie und verlangten, daß mit der Heirat jeweils ein neues Register eingerichtet werde, das dann prinzipiell aus dem Ehepaar und den unverheirateten Kindern bestehen solle. Um einen allmählichen Übergang in dieser für die bisherige Familie so einschneidenden Maßnahme zu ermöglichen, trat dieses Gesetz erst zehn Jahre später, 1958, in Kraft. 1951 führte man darüberhinaus die Meldepflicht am Wohnort ein. Dies hat bewirkt, daß heute eine Familie meist doppelt registriert ist, einmal bei der Ortsbehörde, zum anderen aber auch im Heimatort des Mannes oder der Frau, wo sich das Familienregister befindet und wo alle Personenstandsveränderungen wie Heiraten, Geburten und Tod eingetragen werden. Theoretisch wäre beides zusammenzulegen, aber die Scheu, die alte Bindung, die durch das koseki mit dem Elternhaus bestand, aufzugeben, ist immer noch sehr groß.

Das ie ist zwar als rechtliches System abgeschafft worden, aber in einigen Paragraphen hat sich die Vorstellung des ie als einer Einheit aus Ahnen und Nachkommen dennoch wieder manifestiert. So muß nach Paragraph 769 des neuen BGB das Recht des eingeheirateten Mannes oder der Frau auf Verwaltung des Hausaltars und des Familiengrabs bei einer Scheidung an ein anderes Familienmitglied rückübertragen werden. Zum anderen legte man in Paragraph 730 fest, daß Verwandte direkter Abstammung und solche, die unter einem Dach wohnen, zu gegenseitiger Hilfe verpflichtet sind. Diese Sorgepflicht, die bislang dem Hausvorstand übertragen war, betraf nun alle Mitglieder einer Familie. Der Paragraph 205 des Strafgesetzbuches, wonach Körperverletzung mit Todesfolge im Fall von Aszendenten höher zu bestrafen sei als bei sonstigen Personen, wurde unverändert aus dem Meiji-Strafgesetzbuch übernommen. Hier setzte sich die konfuzianisch begründete Ehrfurcht und Verantwortung gegenüber den direkten Vorfahren noch einmal durch.

Seitherige Revisionen des BGB bestanden lediglich darin, eine stärkere Kontrolle des Vormunds zu kodifizieren (1962), die Wahlmöglichkeit des Namens nach der Scheidung zu garantieren (1976) und das Erbrecht des zurückbleibenden Ehepartners zu erweitern, indem er, wenn Kinder vorhanden waren, nicht mehr nur ein Drittel, sondern die Hälfte des Erbes beanspruchen konnte. Die Vorstellung von der Bewahrung des ererbten Vermögens wurde zurückgedrängt zugunsten der um die Eheleute gruppierten Familie.

Ein eindeutiges Bild von der Familie ist somit in der Nachkriegsgesetzgebung nicht zu erkennen. Einerseits ist sie an der Kernfamilie mit gleichberechtigten Ehepartnern orientiert, andererseits aber auch an der alten Familie als Schutzgemeinschaft der Verwandten. Diese Diskrepanz schlug sich nicht zuletzt in der Sozialpolitik nieder, die je nach Haushaltslage schwankte zwischen staatlicher Unterstützung und familialer Verantwortung in der Verteilung der Lasten. Das Gesetz für staatliche Wohlfahrt vom Mai 1950 zum Beispiel ging davon aus, daß staatliche Hilfe nur als Ergänzung verwandtschaftlicher Hilfe anzusehen sei, wobei die Regierung, wie früher schon, gegebenenfalls die wirtschaftliche Basis einer Familie dafür überhaupt erst gewährleisten mußte. Da die Wirtschaftsentwicklung an erster Stelle der politischen Prioritätenliste stand, wurde die soziale Sicherung immer wieder hintangestellt; gerechtfertigt wurde es mit der guten alten Tradition der gegenseitigen Hilfe in der japanischen Familie.

Auch die beiden ersten Wirtschaftspläne nach 1955, als der Aufschwung eingesetzt hatte, gingen davon aus, daß die soziale Sicherung hauptsächlich der familiären Selbsthilfe zu überlassen sei und enthielten keine Konzepte einer weiterreichenden Sozialpolitik.

Als in den sechziger Jahren der Arbeitskräftemangel die Einbeziehung der Frauenarbeit notwendig machte, kam die Familie arbeitender Mütter zwangsläufig ins Blickfeld. Eine Regierungsuntersuchung von 1964 sah in der Beschäftigung der Frauen eine Gefahr für die Familie und betonte die Aufgaben der Ehefrauen und Mütter, die in der intakten Familie zur Regenerierung der männlichen Arbeitskraft beizutragen hätten.[6] Andererseits wurden weibliche Arbeitskräfte benötigt, und die Frauen, die nach dem Krieg zugunsten der Männer von ihren Posten entlassen worden waren, nahmen diese Gelegenheit wahr.

Auf den massiven Druck der Bevölkerung hin sah sich die Regierung schließlich gezwungen, die Einrichtung von Kindergärten und -horten voranzutreiben, die Arbeitslosenversicherung zu verbessern, die Renten anzugleichen und die medizinischen Einrichtungen zu fördern. Letzteres geschah vor allem aufgrund eines Untersuchungsberichts von 1961, wonach die Anzahl der Familienmitglieder weiter sinken, der Anteil der Alten immer mehr steigen und die Strukturveränderungen in der Arbeitswelt immer größer werden würden, so daß der Staat zwangsläufig einen höheren Anteil an sozialer Sicherung übernehmen müsse. Ende der sechziger Jahre gab man schließlich offen zu, daß angesichts der Vereinzelung und der Entfremdung in den Städten auf die Familie als Schutzgemeinschaft nicht mehr wie früher zu rechnen sei. Man beeilte sich, die Bildung neuer Nachbarschaftsgruppen zu propagieren und an die ursprüngliche lokale Solidarität zu appellieren.

Nach dem sogenannten „ersten Ölschock" von 1973, als die wirtschaftlichen Ungleichgewichte und der Druck von außen zunahmen, trat die Familienpolitik wieder deutlich in den Hintergrund. Der „Neue Siebenjahresplan für Wirtschaft und Soziales" von 1979 stellte den Anspruch, ein Konzept einer „neuen Wohlfahrtsgesellschaft nach japanischem Muster" entwickelt zu haben. Das „Japanische" daran war wiederum, daß diese Wohlfahrtsgesellschaft basieren sollte „auf den Selbsthilfe-Bemühungen des einzelnen und der Solidarität innerhalb der Familie und der Nachbarschaft" und auf der „schöpferischen Energie einer freien Wirtschaftsgesellschaft, in der eine effiziente Regierung als politische Priorität ein angemessenes Niveau der öffentlichen Wohlfahrt garantiert."[7] Tatsache war jedoch, daß seit 1976 die einzelnen Budgets für Sozialausgaben auf staatlicher und regionaler Ebene stark gekürzt wurden. So wurde zum Beispiel die staatliche Unterstützung der öffentlichen Kindergärten von 1976 bis 1986 von 56 auf 26 Prozent gekürzt, die Last der Gemeinden von 13 auf 26 Prozent erhöht und der Rest den einzelnen Familienhaushalten auferlegt. Zwei Kinder unter drei Jahren in einem öffentlichen Kinderhort (hoikusho) bedeuteten jetzt eine finanzielle Belastung von umgerechnet 800 Mark monatlich, was auch doppelverdienende Ehepaare nicht tragen können.[8]

Es fehlt in Japan eine Tradition des Wohlfahrtssystems, wie sie England und Deutschland kennen. Das Bewußtsein, daß der einzelne in bestimmten Situationen und von einem bestimmten Alter an Anspruch hat auf einen gewissen Schutz der Gesellschaft, beginnt sich erst jetzt allmählich zu entwickeln. Angesichts der Probleme, die mit der Überalterung der Bevölkerung auf Japan zukommen, besteht momentan eine große Diskrepanz zwischen politischen Entscheidungen und sozialer Notwendigkeit. Gemessen am Volkseinkommen lag Japan 1983 in seinen Ausgaben für soziale Sicherheit mit nur 14 Prozent noch um 3,5 Prozent hinter den bekanntlich sozial schlecht abgesicherten USA. Schweden hat dagegen im gleichen Jahr 43,1 Prozent, Frankreich 36,9 Prozent, die Bundesrepublik 30,9 Prozent und England 25,9 Prozent seines Volkseinkommens für die soziale Wohlfahrt bereitgestellt.[9]

3. Die Resonanz auf die Demokratisierung im Volk

Die von der Besatzungspolitik forcierte Demokratisierung, meist in Gestalt der Verdammung alles „Feudalistischen“, wurde von den meisten Japanern begeistert und erwartungsvoll aufgenommen. Eine Umfrage der „Mainichi-Zeitung“ im März 1947, kurz vor Inkrafttreten des neuen Zivilgesetzbuches, hatte ergeben, daß 57,9 Prozent der Befragten für die gesetzliche Abschaffung des Familiensystems waren.[10] Besonders groß waren die Erwartungen der Frauen, von denen es heißt, daß sie sich durch den Krieg am meisten verändert hätten. Aufgrund ihrer erzwungenen Beteiligung an der Kriegsproduktion war ihr Selbstbewußtsein bedeutend gewachsen, und sie waren nach allem, was sie im Krieg für die Allgemeinheit geleistet hatten, nicht mehr bereit, sich den alten Hierarchien widerspruchslos zu unterwerfen. Besonders bei der jüngeren Generation weckte das Schlagwort von der Achtung der Würde des einzelnen Hoffnungen. Der folgende Leserbrief einer Landfrau kurz nach Kriegsende rief bei Frauen wie Männern spontane Zustimmung hervor:

„Viele Schwiegertöchter (auf dem Land) kennen nur sklavenmäßige Behandlung und keinerlei Achtung ihrer Menschenrechte ... Ich setze meine ganze Hoffnung auf die Demokratisierung der Familie, die Achtung der Menschenrechte als Schwiegertochter und Mutter und die Erziehung der Kinder. Aber um die feudalistische Diskriminierung durch die Schwiegereltern zu beseitigen, bedarf es auch der Unterstützung der öffentlichen Meinung".[11]

In ihrer Reportage „Das Leben einer Frau" (Onna no isshō) von 1953 hob Maruoka Hideko hervor, daß es nach dem Krieg für die Frau auf dem Land kein dringenderes Problem gab als die Abschaffung der Diskriminierung der Schwiegertöchter. Allen der von ihr interviewten ledigen Frauen war die Vorstellung ein Greuel, als Schwiegertochter in eine andere Bauernfamilie gehen zu müssen. Sie kritisierten das bestehende System heftig, aber ihre Kritik wurde schnell erstickt: Sobald sie mit 23 oder 24 Jahren ins Heiratsalter gekommen waren, warfen ihnen ihre Mütter vor, mit solcher vorwitzigen Haltung würden sie keinen Mann finden. Die Einstellung der Mütter selbst war ambivalent. Einerseits wünschten sie ihren Töchtern ein besseres Los als ihr eigenes, andererseits war es immer noch das sicherste, die Tochter in eine nicht unbekannte Bauernfamilie zu verheiraten. Man wußte dann wenigstens, was die Tochter erwartete, und konnte ihr, so gut es ging, zur Seite stehen.

Daß das Althergebrachte, Gewohnte letztlich stärker war als die Begeisterung für demokratische Ideen, zeigte sich Anfang der fünfziger Jahre nirgends so deutlich wie in dem Heiratsverhalten auf dem Land. Die überwiegende Mehrheit der jungen Leute war der Auffassung, eine Heirat bedürfe in jedem Fall der Zustimmung der Eltern und der Familie und solle am besten durch erfahrene ältere Verwandte vermittelt werden. Maruoka Hideko erreichte der Brief einer jungen Frau, die betonte, auf keinen Fall das Schicksal ihrer älteren Schwester erleiden zu wollen; diese war eine Liebesheirat eingegangen und daraufhin von der Familie fast wie eine Verbrecherin behandelt worden.[12]

Auch andere Umfragen aus dieser Zeit lassen erkennen,

daß die anfängliche Begeisterung für die Demokratisierung eher oberflächlich war. Auf die Frage, ob das alte Familiensystem auch positive Seiten gehabt habe, reagierten im Jahr 1953 67 Prozent der Befragten zustimmend. Während 53 Prozent die Abschaffung des Alleinerbes begrüßten, wollten immerhin 81 Prozent im Alter mit den Kindern zusammenleben[13] – ein radikaler Wandel war mit dem neuen Zivilgesetz im Bewußtsein nicht eingetreten.

Aber es blieb auch nicht alles beim Alten. Als Ministerpräsident Kishi Nobusuke persönlich die Notwendigkeit betonte, das alte Familiensystem wieder einzuführen, stieß er auf heftige Kritik in der Öffentlichkeit. Alle Pläne, die die Regierung in dieser Richtung aufgestellt hatte, mußten umgehend wieder zurückgezogen werden. Das den Frauen erstmals erteilte Wahlrecht wurde im Parlament wie schon früher mit dem Argument kritisiert, es würde nur Meinungsverschiedenheiten und Unfrieden in die Familien bringen. Dem wurde allerdings entgegengehalten, daß die Frauen ja sowieso dieselbe Partei wie ihre Männer wählten.

4. Der Wandel im ländlichen Familienbetrieb

Die von den Amerikanern forcierte Landreform gleich nach dem Krieg zielte darauf ab, das Pachtwesen als ein wesentliches Hindernis auf dem Weg zur Demokratie abzuschaffen. Bis auf etwa einen Hektar mußten alle Verpächter ihr Land an die Regierung abtreten, die es zu einem symbolischen Preis an die ehemaligen Pächter wieder verkaufte. Bis 1950 waren auf diese Weise das Pachtland von 53 Prozent auf 10 Prozent und der Anteil der Pächter von 25 Prozent auf 5 Prozent zurückgegangen. Die Abschaffung des Pachtwesens wurde im Prinzip von der ganzen Bevölkerung begrüßt, jedoch waren die Vorteile begrenzt, da die Aufteilung in kleine Einheiten die Kleinbetriebe noch weiter vermehrte. Diese waren wie eh und je auf die Kooperation innerhalb des Dorfes angewiesen. Auch nach der Automatisierung in den sechziger Jahren war der Arbeitsaustausch in der Pflanz- und Erntezeit notwendig, da die Maschinen zunächst gemeinschaftlich angeschafft werden mußten. Daß das Land jetzt durch eigene Hand bewirtschaftet wurde, war zwar ein Anreiz zur Produktionssteigerung, andererseits fehlte das Geld für wichtige, größere Investitionen, das früher von einzelnen wohlhabenden Bauern bereitgestellt wurde. Es mußte nun vom Dorf insgesamt aufgebracht werden. Dies und die zwangsweise gegenseitige Abhängigkeit förderten zwar die Identifikation mit dem eigenen Dorf, andererseits wurde die Solidarität zum Beispiel durch die Subventionspolitik der Regierung geschwächt, da jeder nur daran dachte, den größten Teil an finanzieller Hilfe für sich selbst herauszuschlagen.[14] Schließlich waren mit der Landreform die Allmende (iriaichi) stark zurückgegangen und ebenso auch die Familienverbände (dōzoku) aus Haupt- und Zweighaus (honke-bunke). Lediglich in Nordostjapan hielten sie sich noch vereinzelt bis in die sechziger Jahre. Generell war jetzt jeder Betrieb auf sich gestellt, unabhängig von seiner wirtschaftlichen Stärke.

Die befürchtete Aufsplitterung der Betriebe durch die Einführung der Erbteilung trat nicht ein. Es zeigte sich, daß pragmatischem Handeln der Vorrang gegeben wurde. Abgesehen von der Sorge um die Rentabilität der Betriebe war der älteren Generation an der Aufrechterhaltung des Besitzes gelegen, da ihre Alterssicherung davon abhing. Eine Untersuchung kurz nach der Einführung des neuen Zivilgesetzbuches ergab, daß zwischen 1948 und 1950 von 241 Betrieben nur vier das Erbe aufteilten. In der Regel erbte der älteste Sohn und die anderen Kinder wurden finanziell oder durch Ausbildungsbeihilfen abgefunden.[15]

Alle gesetzlichen Maßnahmen im Zuge der Nachkriegsreformen hatten nicht die einschneidenden Wirkungen auf die Landwirtschaft wie der Wirtschaftsboom der sechziger Jahre. Der Anteil der Landwirtschaft am Volkseinkommen ging zwischen 1955 und 1965 um die Hälfte zurück, ebenso der Anteil der in der Landwirtschaft Beschäftigten von 48 Prozent (1950) auf 9 Prozent (1984). Gegen alle Bemühungen der Re-

Abb. 8: Erinnern sich die Bauern an die kärglichen Erntezeit-Mahlzeiten – wie hier – und die harte Arbeit noch vor der Automatisierung der Landwirtschaft, dann erscheint ihnen ihr Leben heute als reiner Luxus.

gierung, größere rentable Betriebe zu fördern, blieben die Kleinbetriebe bestehen, die auch heute noch überwiegend auf der Basis der Familienbetriebe wirtschaften. Ihre absolute Zahl verringerte sich aber von 6,06 Millionen (1960, 30,8 Prozent aller Haushalte) fast um ein Drittel auf 4,38 Millionen (1985, 12 Prozent aller Haushalte). Nicht weniger dramatisch war die Zunahme der Nebenerwerbsbetriebe im selben Zeitraum von 78,4 auf 85,7 Prozent, wobei der Anteil der Betriebe, in denen der außerlandwirtschaftliche Nebenerwerb dominierte, 1985 bereits bei 68 Prozent lag.

Die Zeit, in der die Landwirtschaft angeblich von den Großeltern und der Schwiegertochter (sanchan nōgyō) aufrechterhalten wurde, gehört somit auch schon wieder der Vergangenheit an. Längst hat auch die Schwiegertochter eine Arbeit in einer nahegelegenen Fabrik angenommen und hilft nur noch morgens und abends auf den Feldern mit. Aber nach wie vor ist der Anteil der Frauen unter den Beschäftigten in der Landwirtschaft mit 62 Prozent im Jahr 1980 sehr hoch. Die Abwanderung der Bevölkerung vom Land hat dazu geführt, daß 1985 nur noch 16,5 Prozent zur ländlichen Bevölkerung zählen, während es 1960 noch 31 Prozent waren. Auch die Größe der Haushalte ist im selben Zeitraum von durchschnittlich 6,1 auf 4,5 Personen zurückgegangen, aber immer noch ist der Anteil der Drei-Generationen-Familien mit 55 Prozent (1980) auf dem Land am höchsten.[16] Die regionalen Unterschiede dieser Entwicklung sind groß. Die Bergdörfer zum Beispiel hatten ihre Autarkie relativ lange wahren können, waren aber durch die Abwanderung besonders bedroht. Mit der Einführung von Propangas in den sechziger Jahren wurde den Männern die Haupteinnahmequelle der Wintermonate, die Holzkohleproduktion, genommen, und sie waren gezwungen, als Saisonarbeiter auswärts zu arbeiten. Frauen, Kinder und alte Leute blieben zurück.

In einem Interview schilderten Frauen, deren Männer auswärts arbeiteten, ihre Situation:

– „Es war zum Weinen traurig. Abends bei der Feldarbeit hab ich dann auch allein vor mich hingeweint. Den Kindern wollte man es ja nicht zeigen ... Jetzt bin ich zwar einsam, aber wir leben in Sicherheit, da er (der Mann) jeden Monat pünktlich wie ein Gehaltsempfänger Geld schickt. Früher, als es uns schlecht ging, hab' ich durchaus manchmal gedacht: Ach, hätt' ich doch nicht in eine Bauernfamilie eingeheiratet, wär' ich doch zu einem Gehaltsempfänger gegangen! Nicht einen einzigen Ring oder ein Unterkleid konnten wir kaufen. Jetzt können wir es. Und wir haben auch besser zu essen als früher, als unser Vater noch da war ... Auch er hat sich jetzt an sein Leben in Baracken und Baubuden gewöhnt ... Die Kinder sind großgeworden ... und wir Landfrauen machen die Landwirtschaft, so gut es eben geht. Aber allein schlafen zu gehen, das war doch hart."

– „Ja, so war es. Ich hab' unter der Bettdecke geweint. Ich hab' quasi gelebt, indem ich mit dem Halbmond geschlafen habe."

Und über die Männer, die nun so langsam aus Altersgründen wieder in die Dörfer zurückkehren, sagten die Frauen:

– „Irgendwie ist es jetzt auch nicht besser. Alt geworden, kann unser Vater nicht mehr arbeiten gehen. Ohne Feuer im Blut ist es jetzt auch keine Freude mehr, mit ihm zu schlafen."
– „Und unser Feuer selbst ist ja auch erloschen".[17]

Auf dem Land, wo das sexuelle Leben denselben Stellenwert hatte wie Arbeiten, Essen und Trinken, bedeutete die erzwungene Enthaltsamkeit den Entzug der Lebensfreude.

Die jungen Frauen selbst wurden bald durch die Ansiedlung kleiner Fabriken in den sechziger Jahren zur Lohnarbeit angeworben. Die Landwirtschaft nebenher zu betreiben, war für sie neben dem Haushalt eine dreifache Belastung. Das Land zu verkaufen und in der Stadt ein bequemeres Leben zu führen, zumal dann, wenn die Kräfte langsam nachließen, war für viele die einzige Alternative. Auf diese Weise sind die entlegenen Dörfer im Aussterben begriffen: Die Verwaltungssprache hat für diese Regionen den Begriff „unterbevölkerte Gebiete" (kaso chiiki) geprägt.

Anders verhält es sich in den stadtnahen Regionen, wo die ländlichen Nebenbetriebe sowohl Nutzen aus der Verlagerung der Arbeitssektoren als auch aus dem sicheren Bodenbesitz ziehen. Hier kann man kaum mehr von einem „Dorf" sprechen. Während die Dörfer 1960 noch aus durchschnittlich 68 Haushalten mit 41 rein bäuerlichen und 27 nicht bäuerlichen Familien bestanden, waren es zehn Jahre später 81 Haushalte, von denen nur noch 37 Landwirtschaft betrieben. 1975 ging der Anteil der bäuerlichen Betriebe auf ein Drittel zurück. In den Gebieten um Osaka und Kyōto sowie südlich von Tōkyō beträgt das Verhältnis eins zu zehn.[18] Auch das Überwiegen der Drei-Generationenfamilien (56,2 Prozent) vor den Kleinfamilien (36,9 Prozent) ist signifikant für diese Regionen. In ländlichen Familien ist es immer noch selbstverständlich, daß jüngere und ältere Generation zusammenleben, aber es wird den Jüngeren hier auch Wohnraum geboten, den sie in der Stadt nicht finden oder nicht bezahlen könnten. In diesen Regionen ist der Lebensstandard am höchsten. Berechnungen aus dem Jahr 1980 zeigten, daß das Pro-Kopfeinkommen auf dem Land um 12 Prozent höher ist als in der Stadt. Der Agrarwissenschaftler Hasumi Otohiko hat herausgestellt, daß die größte Veränderung zwischen der Landwirtschaft vor und nach dem Krieg die Abschaffung der Armut gewesen sei.[19] Heute wirkt sich die angespannte Wohnungslage in den Städten auch auf diese Regionen aus. Seit 1970 sind hier immer mehr Erbteilungen und Erbstreitigkeiten vor den Zivilgerichten zu registrieren. Ohne Aussicht auf ein Eigenheim in der Stadt bestehen nun alle Geschwister auf ihrem Erbrecht und lassen sich nicht mehr so leicht abfinden wie früher. Die Folge sind zunehmende Zergliederung der Grundstücke und die Ausdehnung der städtischen Wohngebiete ins Umland.

Auch da, wo noch einigermaßen intakte Dörfer existieren, ist die ursprüngliche enge Gemeinschaftlichkeit verloren gegangen. Während früher die Ämter der Dorforganisation mit Ehre und Autorität verbunden waren, werden sie heute als unliebsame Last empfunden, die keiner tragen will. Mit der Wiederbelebung der alten Feste wird in den letzten Jahren versucht, etwas von dem früheren Gemeinschaftsgefühl zurückzugewinnen. Es läßt sich aber nicht verdecken, daß damit eher zusätzliche touristische Einnahmequellen geschaffen werden sollen. Dort, wo noch echte religiöse Feste veranstaltet werden, sind sie meist nur von der älteren Generation getragen.

5. Die städtische Familie und das japanische Wirtschaftswunder

Der wirtschaftliche Aufschwung Japans nach 1955 überraschte vor allem durch sein Tempo: Von 1955 bis 1969 betrug die durchschnittliche jährliche Wachstumsrate des Bruttosozialprodukts zehn Prozent; das ist die doppelte Rate der Jahre 1987/88. Die Produktion von Rohstahl hatte sich in den Jahren 1960 bis 1970 vervierfacht, die der Handelsschiffe versechsfacht und die der Personenwagen stieg um das Zwanzigfache. Waren 1968 nur 5,4 Prozent der Haushalte im Besitz eines Farbfernsehers, so waren es vier Jahre später bereits 61,1 Prozent; Staubsauger besaßen 1965 nur 32,2 Prozent der Haushalte, 1975 schon 91 Prozent. Der sekundäre und tertiäre Industriesektor breiteten sich rasch auf Kosten der Landwirtschaft aus, was zu großen Veränderungen in der Beschäftigungsstruktur führte. Von 1950 bis 1974 stieg der Anteil der in der Industrie Arbeitenden von 21 auf 35,9 Prozent an; dann stagnierte er bei etwa 34 Prozent; der Dienstleistungssektor wuchs bis auf 57 Prozent im Jahr 1984. Diese Tendenz setzt sich heute weiter fort, womit Japan den Übergang in die postindustrielle Phase bereits vollzogen hat.

Hinsichtlich der japanischen Familie ist heute kaum mehr eine Unterscheidung nach Klassenzugehörigkeit auszumachen. Die hohe Mobilität der Bevölkerung nach dem Krieg durch die Auflösung des Pachtwesens und der großen Finanzkonzerne sowie die Verstädterung haben eine umfassende soziale Nivellierung mit sich gebracht. Über 90 Prozent der Japaner zählen sich heute zur Mittelschicht. Wie immer auch dieses Bewußtsein zu objektiven Kriterien in Widerspruch stehen mag, es drückt zweifellos ein Mittelmaß an Zufriedenheit mit der gegenwärtigen Situation aus und den Wunsch, so zu sein wie die anderen. Ausschlaggebend für die Lebensweise der Familie heute und den Zusammenhalt ihrer Mitglieder ist jedoch die Unterscheidung nach selbständig und nicht-selbständig Beschäftigten. Der Anteil der selbständig Beschäftigten ist mit 27 Prozent gegenüber 58 Prozent (1985) nichtselbständig Beschäftigten im internationalen Vergleich sehr hoch, was mit der Zahl der Familienbetriebe in der Landwirtschaft, aber auch in der Industrie zu erklären ist.[20] Der Lebensstil der selbständig Beschäftigten hat weit mehr noch die Funktionen der Kleinfamilie aus der Meiji- und Taishō-Zeit bewahrt als die heutige Angestelltenfamilie, die aufgrund der vielfach anzutreffenden Gastrolle des Vaters eher eine „unvollständige Familie“ aus Mutter und Kind oder Kindern darstellt.

Weitere neue Tendenzen in der Beschäftigungsstruktur heute sind das steigende Durchschnittsalter von 40,8 Jahren, das im Jahr 1965 noch bei 35,7 Jahren lag. Es steht mit der verlängerten Schulausbildung im Zusammenhang – über 90 Prozent eines Jahrgangs absolvieren heute die höhere Schule mit 18 Jahren – und mit der Heraufsetzung des Pensionsalters von 55 auf 60 Jahre. Hinzu kommt die Zunahme der Frauenarbeit, die sich in den Jahren zwischen 1955 und 1985 verdreifacht hat und 1987 bei 36,4 Prozent der Gesamtheit aller Beschäftigten lag. Jede dritte Frau ist heute ganz- oder halbtags beschäftigt. Nimmt man alle Frauen zusammen, die durch Heimarbeit und ähnliches einen Verdienst erwirtschaften, sind es 54 Prozent. Wie in Europa gehört es auch in Japan für die Frau fast schon zum guten Ton, irgendwie beruflich tätig zu sein, und das hat für die Familie weitreichende Folgen.

Mit einer Verzögerung von fünf Jahren reagierte die japanische Familie in ihrer Zusammensetzung auf die Veränderung durch den wirtschaftlichen Aufschwung. Die „Kernfamilie“ (Eltern und unverheiratete Kinder oder ein Elternteil und Kinder oder kinderloses Ehepaar), die schon 1920 im Vergleich zur erweiterten Familie mehr als die Hälfte (54 Prozent) ausgemacht hatte, verbreitete sich bis 1975 auf 64 Prozent. Gleichzeitig ging die Zahl der Familienmitglieder zurück. Von 1920 bis 1955 lag sie konstant bei fünf Personen. 1970 war sie auf 3,69 Personen gesunken und lag 1987 bei 3,2 Personen. Der Rückgang von 5 auf 3,5 Personen dauerte in Japan 30, in den USA 70 Jahre! Dabei ist zu berücksichtigen, daß auch die Einpersonenhaushalte seit 1965 von 13,6 Prozent auf 17,3 Prozent im Jahr 1985 angestiegen sind. Schließlich sind die regionalen Unterschiede nach wie vor sehr groß. In Nordostjapan lag der Durchschnitt der Familienmitglieder noch bis in die sechziger Jahre bei fünf Personen, während er in Westjapan längst darunter lag. Tokyo hat mit seinem hohen Anteil an Einpersonenhaushalten heute eine Durchschnittsgröße der Familie von 2,59 Personen, in der Provinz Yamagata an der Japan-See liegt sie bei 3,74 Personen. Die Dreigenerationen-Familien sind in der absoluten Zahl relativ konstant geblieben, und auch die prozentualen Schwankungen von 22,2 Prozent im Jahr 1975 auf 19,7 Prozent im Jahr 1985 sind nicht so groß wie bei anderen Familientypen. Daraus ist er-

Abb. 9: Die heutige japanische Durchschnittsfamilie: Mit drei oder fünf Jahren werden die Jungen, mit drei oder sieben die Mädchen zum shintoistischen Schrein geführt, wo man für ihr bisheriges Gedeihen dankt. Dies ist auch ein Anlaß, beim Fotografen ein Familienfoto machen zu lassen.

sichtlich, daß die Kernfamilien nicht durch Abspaltung aus den erweiterten Familien zustande kamen, sondern vielmehr durch Neugründungen und durch die seit 1950 stark sinkende Geburtenrate.[21]

Der Rückgang der Geburtenrate hat ähnliche Ursachen wie in den anderen westlichen Industrieländern. Auch spielen das späte Heiratsalter der Frauen mit durchschnittlich 25 Jahren sowie wirtschaftliche Faktoren eine Rolle. Zu einem überwiegenden Prozentsatz wünschen sich junge Ehepaare heute drei Kinder. Tatsächlich aber werden im Durchschnitt 1,7 Kinder geboren, und als Grund dafür werden wirtschaftliche Faktoren wie die hohen Kosten für die Schulausbildung und die Enge der Wohnungen angeführt.

Die Meinungen über die Einschätzung dieser Entwicklung zur Kleinfamilie gehen auseinander. Die einen sehen darin einen unumgänglichen Prozeß, der den einzelnen aus überkommenen Bindungen befreit und ihm zu mehr Autonomie verhilft, die andern weisen auf den Funktionsverlust der Familie hin, ihre Zerbrechlichkeit und die Verlassenheit der Alten. Besonders für Mißstände unter den Jugendlichen wird meist die Kernfamilie verantwortlich gemacht, ohne daß dabei jedoch die Lebensumstände und die gesellschaftlichen Zusammenhänge ausreichend berücksichtigt werden. Fraglos hat die heutige städtische Durchschnittsfamilie viele ihrer früheren Funktionen verloren, seit Familie und Arbeitsplatz getrennt sind. Aber dies ist eine Entwicklung, die schon vor dem Zweiten Weltkrieg einsetzte. Neu sind nach dem Krieg die sogenannten „Ehepaar-Familien", die aus räumlichen Gründen nicht mehr mit der älteren Generation zusammenleben können.

Die Wohnverhältnisse haben nach dem Krieg entscheidend auf die Familienstruktur gewirkt. Mit dem Ansturm der Arbeitskräfte Ende der fünfziger und Anfang der sechziger Jahre wurden in aller Eile riesige Wohnblocksiedlungen (danchi) aus Beton gebaut, deren Wohnungen nach einem einheitlichen Muster aus zwei bis drei Zimmern und einer Eßküche bestanden. (Diese normierten, gleich aussehenden Wohnungen waren übrigens in dem berühmten EG-Papier mit „Kaninchenställen" gemeint.) Wenn überhaupt eine Vorstellung von „Familie" bei der Planung existierte, so war sie ohne Berücksichtigung der zyklischen Veränderungen einer Familie. Die Wohnungen waren für ein Ehepaar mit ein oder zwei kleinen Kindern konzipiert, nicht aber für größere Kinder, die einen eigenen Raum beanspruchen und schon gar nicht dafür, einen Elternteil aufnehmen zu können. Noch schlechter stand es um die vielen Appartement-Häuser, die nach traditioneller Weise aus Holz gebaut waren und in der Quadratmeterzahl weit unter dem Standard lagen. Untersuchungen haben ergeben, daß sich die allgemeine Wohnsituation bis 1965 konstant verschlechterte und erst danach langsam wieder besserte. Die durchschnittliche Größe einer Wohnung betrug in Tokyo im Jahr 1941 30 m^2, 1965 aber 23,3 m^2. Die durchschnittliche Wohnfläche pro Person war 1965 mit 8,1 m^2 berechnet worden; in Tokyo lag sie jedoch bei 6,4 m^2 und in Osaka bei 6,1 m^2.[22]

Der internationale Vergleich verdeutlicht die Wohnverhältnisse: Mit der durchschnittlichen Zimmerzahl von 4,7 Zimmern (wozu hauptsächlich die geräumigen Häuser auf dem Land beitragen) liegt Japan etwas über der Bundesrepublik (4,5 Zi.) an zweiter Stelle nach den USA. In Tokyo liegt die durchschnittliche Zimmerzahl bei 3,5 Zimmern. Anders sieht der Vergleich unter Berücksichtigung der Zimmergröße aus. In der durchschnittlichen Quadratmeterzahl pro Haus steht Japan mit 83 m^2 am Ende der Skala nach den USA (135 m^2), Schweden (95 m^2), Westdeutschland (90 m^2) und Frankreich (89 m^2).[23] Mit 6–7 m^2 sind die Zimmer vielfach so klein, daß sie in anderen Ländern gar nicht als Zimmer gerechnet würden; allerdings werden die Zimmer in Japan aufgrund des anderen Wohnverhaltens und des weitgehenden Fehlens von Möbeln weit flexibler ausgenutzt als in westlichen Ländern. Nach einem von der Regierung 1976 festgesetzten Mindestmaß an Wohnraum für eine dreiköpfige Familie lagen 1978 14,8 Prozent der Wohnungen unter der Vorgabe; 1983 ging diese Zahl auf 11,4 Prozent zurück, aber bei immer noch 30 Prozent der öffentlichen Wohnungen unter dem Mindestmaß kann von einer wesentlichen Besserung nicht gesprochen werden.

Mit 62,4 Prozent (1983) hat Japan einen hohen Anteil an Eigenheimbesitzern, und hier findet sich auch das günstigste Verhältnis von Wohnraum zu Bewohner. Durch die Dichte der Bebauung – und das bedeutet mangelnden Sonneneinfall und Luftdurchzug, gegenseitige Lärmbelästigung – läßt die Wohnqualität nach europäischen Maßstäben sehr zu wünschen übrig. Wenn die Privatsphäre in der Familie gewahrt werden soll, erfordert dies äußerste Disziplin aller ihrer Mitglieder. Bis in die jüngste Zeit war es für eine Angestelltenfamilie selbstverständlich, daß sie einmal in das eigene Heim umziehen würde, weshalb ihr das Ertragen der engen Mietswohnungen nicht so schwer fiel. Heute ist dieser Traum durch die horrende gestiegenen Bodenpreise für die meisten ausgeträumt, obwohl Hausbesitzer inzwischen Anfahrtszeiten von zwei und mehr Stunden zum Arbeitsplatz in Kauf nehmen. Um das Zusammenleben mit der älteren Generation wieder zu ermöglichen, werden in den letzten Jahren Wohnungen kombiniert mit einem Altenteil angeboten, und die Regierung gibt Steuererleichterungen bei Eigenheimen, in denen alte Leute mitaufgenommen sind. Dennoch ist das Wohnproblem heute eines der dringendsten Probleme für die japanische Familie.

6. Die zwischenmenschlichen Beziehungen in der heutigen Familie

a) Partnerwahl und Partnerbeziehung

Japan gehört nach wie vor zu den heiratsfreudigen Nationen, wobei vielleicht treffender von ‚heiratswillig' gesprochen werden sollte, denn Unverheiratete sind weitgehend noch mit dem Stigma des Unnormalen behaftet. 83 Prozent der Männer und 84 Prozent der unverheirateten Frauen streben heute eine Ehe an. Lediglich bei den über 30jährigen Frauen sinkt die Rate auffallend. Sie gehören zu der kleinen Minderheit, die sich nach amerikanischem Vorbild zum ‚single life' bekennen und ihrer Berufskarriere den Vorrang geben.

Wie groß andererseits der gesellschaftliche Druck auf die unverheirateten Frauen ist, ist an der Begründung der Heirat abzulesen: erst als Ehefrau (okusan) sei man in der Gesellschaft anerkannt.[24]

Die Ehe, die in Japan nie ein Sakrament war, kommt auf zwei Wegen zustande – durch die Vermittlung (miai) oder die Zuneigung (renai). Heute ist die Trennung nicht mehr so scharf wie früher. Kaum jemand wird heute noch von seinen Eltern gezwungen, einen ihm völlig unbekannten Partner zu heiraten. Die Vermittlung besteht meist nur noch darin, zwei heiratsfähigen Menschen Gelegenheit zu geben, sich unverbindlich kennenzulernen. Es bleibt ihnen frei, ob sie dann heiraten oder sich wieder trennen. Neben der Vermittlung durch Verwandte, professionelle Vermittler oder auch Arbeitskollegen gab es professionelle „Heiratsinstitute" schon Ende des letzten Jahrhunderts in Japan. Bei einer vermittelten Heirat erfolgt die Hochzeit nach sieben Monaten, während bei einer sogenannten „Liebesheirat" 22 Monate vergehen. Auch hier tritt bei der Hochzeitsfeier zeremoniell ein Vermittlerehepaar auf, das meist unter den Vorgesetzten oder ehemaligen Lehrern ausgewählt wird. Während früher die Vermittler auch bei der Auflösung einer Ehe zugegen sein mußten, ist dies heute selten.

Was vor zwanzig Jahren noch kaum vorstellbar war, ist heute eingetreten: Die Liebesheiraten haben die vermittelten seit 1965 überrundet und liegen heute bei 67 Prozent gegenüber 28 Prozent der Vermittlungen; die Gelegenheiten, sich kennenzulernen während der verlängerten Schul- und Universitätsausbildung, der Berufstätigkeit der Frauen und bei Hobbies und Reisen, haben stark zugenommen. Umgekehrt haben die Liebesheiraten auf dem Land zugunsten der vermittelten Ehen abgenommen. Die Schwierigkeit der Bauern, eine Braut zu finden, ist heute so groß, daß die jungen Männer mit Straßendemonstrationen auf ihr Problem aufmerksam zu machen versuchen; einige Dörfer haben sich entschlossen, Frauen von den Philippinen anzuwerben. In alter Tradition sexueller Freizügigkeit auf dem Land wird den philippinischen Bräuten schon in den Trinksprüchen auf der Hochzeitsfeier überdeutlich nahegelegt, daß man von ihnen die Geburt eines Erben erwartet.

Abb. 10: Bei der Trauung nach dem Ritus der japanischen Volksreligion, dem Shintoismus, tauschen die Brautleute zum Zeichen ihrer Vereinigung Reisweinbecher (Sakazuki) aus.

Die überwiegenden Liebesheiraten heute sind nicht unbedingt Indiz für eine Romantisierung der Ehe. Die Auffassung, daß eine Liebesheirat stärker gefährdet sei auseinanderzubrechen, ist noch weit verbreitet, auch wenn darin ursprünglich eine Taktik zur Bewahrung elterlichen Mitspracherechts verborgen sein mochte. Untersuchungen über die Erwartungen an die männlichen Ehepartner zeigen, daß das traditionell pragmatische Verständnis von Ehe als Beruf der Frau auf „Lebenszeit inklusive drei Mahlzeiten und Mittagsschlaf" durchaus noch lebendig ist. Charakter, Liebe und Gesundheit werden zwar als die wesentlichen Momente bei der Partnerwahl genannt, als „ziemlich wichtig" gelten jedoch an erster und zweiter Stelle das Einkommen und die Universitätskarriere.[25]

Die Herkunft der Partner spielt für die Eltern in Japan wie in anderen Ländern auch eine große Rolle. Dies trifft besonders für die vermittelten Heiraten zu, bei denen im voraus die persönlichen, familiären und gesundheitlichen Daten ausgetauscht oder über einen Detektiv eingeholt werden. Heute ist nicht allein die Herkunft des Partners ausschlaggebend, sondern auch die absolvierte Universität, die die Berufs- und Gehaltsaussichten und die soziale Sicherheit bis zu einem hohen Grad mitbestimmt.

In der Wahl der Partner hat sich das Heiratssystem nach dem Krieg hin zu mehr Souveränität der Beteiligten entwikkelt. Es ist zu fragen, inwieweit sich auch die Beziehungen in der Ehe gewandelt haben. Die Bedeutung, die dem Einkommen bei der Wahl des Ehemannes zukommt, deutet seitens der Frauen auf das Verständnis der Ehe als Versorgungsinstitution hin. Dies ist jedoch nicht einfach mit weiblicher Berechnung zu erklären, sondern mit der strikten Rollentrennung und Arbeitsteilung zwischen den Eheleuten in der japanischen Familie: „Der Mann gehört nach draußen, die Frau nach drinnen" (oto wa soto, tsuma wa uchi). 1982 haben immer noch 71 Prozent der Frauen mehr oder weniger zustimmend auf diese Festlegung der geschlechtlichen Arbeitsteilung reagiert.[26] Da es zehn Jahre früher noch mehr als 80 Prozent waren, zeichnet sich ein langsamer Wandel ab, aber im Vergleich zur Bundesrepublik, wo das ‚Contra' mit 62 Prozent längst das ‚Pro' von 33,3 Prozent überholt hat, erscheint das Selbstverständnis der Ehe in Japan noch sehr traditional. Dies ist umso bemerkenswerter, als sich in der Bundesrepublik der Bewußtseinswandel hinsichtlich der Rollenverteilung in der Ehe proportional zur Berufstätigkeit der Frauen auch im europäischen Vergleich besonders rasch vollzogen hat, die japanische berufstätige Frau aber eine erstaunliche Resistenz gegen den Wandel im Rollenmuster der Familie an den Tag legt. So haben 45 Prozent der berufstätigen, verheirateten Frauen die Auffassung vertreten, Haushalt und Kinder sollten hauptsächlich von der Frau versorgt werden. Nur 13 Prozent sprachen sich für eine geteilte Verantwortung aus.[27] Die tatsächliche Situation ist einer Regierungsumfrage unter Angestelltenfamilien zufolge noch weit einseitiger. Bei 90 Prozent der Doppelverdiener lag der Haushalt völlig in den Händen der Frau, der Mann beteiligte sich höchstens an kleinen Reparaturarbeiten. Über die Hälfte dieser Frauen hielten es für richtig, daß sie ganz für die Erziehung und Fürsorge der Kinder verantwortlich waren.[28] Die Vorbereitung auf die Arbeitsteilung in der Ehe beginnt schon in der Sozialisation, in der die Jungen bewußt von der Hausarbeit ferngehalten, aber konstant zu Schulleistungen angehalten werden, während man von den Mädchen selbstverständlich die Mithilfe im Haushalt erwartet. Die Folge ist, daß heute nur 0,8 Prozent der japanischen Ehemänner beim Tischabräumen helfen – in der Bundesrepublik sind es 4,4 Prozent, in Schweden 9,5 Prozent und in England 14,9 Prozent.[29] Hierbei ist aber auch der Gruppenzwang der japanischen Gesellschaft zu berücksichtigen. Für die japanische Frau bedeutet es Gesichtsverlust, wenn ihr Mann beim Hausputz oder Wäscheaufhängen von Nachbarn gesehen wird, und die Männer selbst scheuen sich aus diesem Grund. Und schließlich fällt ins Gewicht, daß die langen Fahrt- und Arbeitszeiten der Männer kaum Zeit für ein Gespräch, geschweige denn zur Mithilfe lassen, auch wenn der Ehemann guten Willens ist. 32,2 Prozent der Frauen gaben in einer Umfrage an, daß sie täglich weniger als 30 Minuten mit ihrem Mann kommunizieren.[30]

Solche Umfragen sind kaum auf das ganze Land zu übertragen, doch treffen sie meist den Kern der städtischen Durchschnittsfamilie, wie auch jenes Umfrageergebnis, wonach nur 29 Prozent der in Tokyo und Umgebung wohnenden Männer täglich mit ihren Familien zusammen essen; 22,5 Prozent essen drei- bis viermal pro Woche zu Hause und 24,4 Prozent ein- bis zweimal. Die krassesten Verhältnisse bestehen offenbar für die Regierungsbeamten, von denen 74 Prozent nicht einmal in der Woche zu Hause essen.[31] So verwundert auch nicht, daß Japan im internationalen Vergleich gemeinsamer Unternehmungen der Eheleute besonders schlecht abschneidet, weil abgesehen vom Einkaufen – wobei der Mann meist nur den Chauffeur spielt – in Japan kaum Aktivitäten wie Parties, Reisen, Film- oder Theaterbesuche zusammen unternommen werden.[32] Hierbei muß das spezifisch japanische Kulturmuster berücksichtigt werden, wonach traditionell Hobbies und Vergnügungen getrennt nach Geschlechtern unternommen werden und es in Japan immer noch eine Unterscheidung von Männer- und Frauenwelt gibt. Die Arbeitsteilung unter den Geschlechtern ist jedenfalls nicht nur ein familiäres, sondern ein gesamtgesellschaftliches Phänomen.

Ein Vergleich amerikanischer und japanischer Ehepaare ergab, daß in Japan die Entscheidungen in Familienangelegenheiten überwiegend (70 Prozent) getrennt gefällt werden; in 10 Prozent der Fälle dominiert die Frau und nur in 4 Prozent der Mann. In den USA dominiert der Mann immerhin in 25 Prozent, die getrennte Entscheidung findet nur in 40 Prozent statt, während die gemeinsame Entscheidung 32 Prozent einnimmt. Die „letzte Entscheidung" soll in Japan zu 65 Prozent beim Mann, zu 15,7 Prozent bei der Frau und nur zu 13,2 Prozent bei beiden liegen. Dies ist das umgekehrte Verhältnis der Entscheidungsstruktur in der Bundesrepublik und Schweden, wo die gemeinsame Entscheidung mit 64,5 Prozent beziehungsweise 76,1 Prozent dominiert, der Mann nur zu 25,1 Prozent bzw. 11,8 Prozent über die letzte Entscheidung bestimmt.[33] Nur 27,1 Prozent der Frauen fühlen sich in Japan in der Ehe gleichgestellt, 66,8 Prozent behaupten, der Mann sei ihnen gegenüber privilegiert. Andererseits verwaltet die japanische Frau zu 83 Prozent die Finanzen in alltäglichen Dingen, auch bei größeren Anschaffungen immer noch zu 16,8 Prozent und zu 47,9 Prozent mit dem Mann gemeinsam.

Setzt man die Finanz- und Hausgewalt der Frau in Beziehung zu dem obigen Ergebnis über die „letzte Entscheidung", dann stellt sich die Frage, in welchen Dingen der Mann eigentlich die letzte Entscheidung fällt – vielleicht nur beim Kauf des Autos oder Hauses. In der Kindererziehung hat er die Entscheidungen offenbar an die Frau delegiert, und diese nimmt sie voll wahr. Die Frau beschafft die für die Zukunft der Kinder so wichtigen Informationen über die Schulen und Einpaukschulen; sie hält den Kontakt zur Verwandtschaft, und nicht selten wickelt sie alle Bank- und Aktiengeschäfte ab. Die Rolle des Vaters besteht, wie ein japanisches Kind treffend gesagt hat, lediglich darin, „das Geld herbeizuschaffen." In der Selbsteinschätzung der Frauen ist zu sehen, daß ihr Bewußtsein offenbar hinter ihrer tatsächlichen Position in der Familie zurückgeblieben ist. Nominell und nach außen ist der Mann der Herr des Hauses, faktisch aber herrscht die Frau.

Die Redensart „Am besten ist's, wenn mein Mann gesund und von zu Haus' fort ist" (otto ga genki de rusu ga ii) ist in den letzten Jahren auf die Hausfrau umgemünzt worden. Von den berufstätigen Frauen sind 70 Prozent verheiratet, und der überwiegende Teil dieser Frauen geht arbeiten, um die Finanzlage des Hauses aufzubessern, beziehungsweise beim Abtragen der Schulden zu helfen. Ein nicht unbeträchtlicher Teil der Frauen führt an, daß es ihnen um die Entfaltung der eigenen Fähigkeiten, die Erweiterung des Gesichtskreises und die Kontakte nach außen gehe.[34] Die meisten nichtberufstätigen Frauen, deren Kinder aus dem Kleinkindalter heraus sind, betätigen sich in irgendeiner Weise außer Haus aktiv – sei es im sozialen Bereich als freiwillige Helfer, sei es in der regionalen Selbstverwaltung (chōnaikai), in Verbraucherzirkeln oder in Hobby-, Sport- und Studienkreisen. Die japanische Hausfrau verfügt heute über die meiste freie Zeit, und sie weiß diese zu nutzen.

Da japanische Frauen, die voll berufstätig sind, am Arbeitsplatz denselben Anforderungen bei Arbeitsorganisation und Überstunden ausgesetzt sind wie ihre männlichen Kollegen, ist ihre Belastung neben dem Haushalt höher als in anderen westlichen Industrienationen. Viele wählen deshalb die Halbtagsbeschäftigung (pāto), obwohl sie dabei meist unterbezahlt und sozial ohne jegliche Absicherung sind. Andere Frauen geben für die Phase der Kindererziehung den Beruf ganz auf, um dann mit Mitte oder Ende dreißig wieder einzusteigen, allerdings unter weit weniger günstigen Bedingungen und ohne Karriereaussichten. Dies ist die sogenannte „M-Kurve" der

Berufslaufbahn japanischer Frauen mit zwei Berufshöhepunkten vor und nach der Kindererziehung. Während in Europa und den USA der Berufstätigkeit der Frau eine immer höhere Stellung im Wertsystem zugemessen wird, gilt in Japan nach wie vor, daß Kinder unbedingt von der Mutter großgezogen werden sollten und der Beruf sekundäre Bedeutung hat.

Dennoch steigt auch die Berufswilligkeit der japanischen Frau von Jahr zu Jahr. Dahinter steht ein radikaler Wandel in ihrem Lebenszyklus. Um 1920 hatte die japanische Frau eine Lebenserwartung von 61,5 Jahren; heute ist sie auf 81 Jahre angestiegen, was eine grundlegend neue Gewichtung der einzelnen Lebensphasen mit sich brachte. Sie heiratete um 1920 mit durchschnittlich 21,2 Jahren, gebar fünf Kinder in einem Zeitraum von 14,7 Jahren und zog diese, soweit sie bei der hohen Kindersterblichkeit am Leben blieben, in 27,3 Jahren auf. Heute heiratet sie mit 25,5 Jahren und bringt innerhalb von 4,5 Jahren zwei Kinder zur Welt, die sie dann auch in 23 Jahren großzieht, da sich Schul- und Ausbildungszeit stark verlängert haben. Während sie 1920 nach der Pensionierung des Mannes noch 6,1 Jahre mit ihm zusammenlebte, 4,2 Jahre verwitwet war und insgesamt 10,5 Jahre in der Familie eines ihrer Kinder lebte, ist die Ruhezeit des Mannes heute durchschnittlich 16 Jahre lang, die Witwenzeit 7,7 Jahre und die Zeit des Zusammenlebens mit den Kindern in einer Drei-Generationen-Familie 24,3 Jahre.[35] Geburt und Erziehung der Kinder sind also für die Frau heute noch vor der Mitte ihres Lebens abgeschlossen oder fast abgeschlossen. Sie steht vor der Frage, wie sie die zweite Hälfte ihres Lebens verbringen will, oft aber auch, ob sie mit ihrem bisherigen Leben, so wie es ist, zufrieden sein kann.

Ein auffälliger Prozentsatz an Scheidungen findet heute nach zehn und mehr Ehejahren statt, und zu über 70 Prozent werden die Scheidungen immer noch von den Frauen eingereicht. Viele Frauen warten mit der Scheidung, bis ihre Kinder einigermaßen selbständig sind oder der Mann seine Pensionsabfindung bekommen hat und wählen dann die Unabhängigkeit. Wie in anderen Ländern auch stieg die Scheidungsrate in

Japan nach dem Krieg zunächst sprunghaft an, sank dann aber im Gegensatz zu diesen Ländern stetig bis auf 0,73 Personen auf 1000 Einwohner, um dann nach 1964 bis auf 1,51 im Jahr 1983 wieder anzusteigen. (Die Rate der Bundesrepublik lag zu diesem Zeitpunkt bei 1,92 Personen) Nach 1983 ging die Scheidungsrate wieder leicht zurück, was vor allem mit der Abnahme von Eheschließungen erklärt wird. Der Anstieg der Scheidungen auf das Doppelte im Jahr 1983 wurde vielfach als Alarmzeichen für den Verfall der Familie (kazoku no hakai) interpretiert und führte zu Kritik an der im gleichen Zeitraum steigenden Berufstätigkeit der Frau.

Die „Scheidungen durch Übereinkunft" (kyōgi rikon), bei denen lediglich eine amtliche Meldung ausreicht, machen immer noch 90 Prozent aller Scheidungen aus, aber die Zunahme der Vergleichsverfahren (chōtei) ist ein Anzeichen dafür, daß die Frauen sich ihr Recht auf die eigene Versorgung und die ihrer Kinder jetzt gegebenenfalls erkämpfen, da dies mit der einvernehmlichen Scheidung keinesfalls gesichert ist. Auch wird nach dem neuen BGB, das das Elternrecht beiden Partnern zu gleichen Teilen zuspricht, zu rund 70 Prozent die Sorge für die Kinder der Mutter übertragen. Noch bis Ende des Krieges war eine Scheidung für die Frau mit der Gewißheit verbunden, ihre Kinder in der Familie des Mannes zurücklassen zu müssen. Generell wird die Scheidung in der japanischen Gesellschaft heute toleriert, aber immer noch scheuen viele Frauen davor zurück, sei es der Kinder wegen oder aus wirtschaftlicher Abhängigkeit. Diese „Ehen auf dem Papier" fallen in Japan unter den Begriff „Scheidung in der Familie" (kateinai rikon) und werden nicht selten auch von den Männern bewußt geduldet. So schilderte eine Frau in einer Dokumentation über Ehescheidungen in Japan, wie sie in den letzten Jahren ohne jeglichen Kontakt mit ihrem Mann zusammenlebte. Der Mann pflegte abends auswärts zu essen, kam grußlos nach Hause, schloß sich in sein Zimmer ein und wartete, bis die Frau das Bad verlassen hatte, um ihr nicht zu begegnen. Jeden Monat legte er eine Geldsumme auf den Tisch, von der die Frau leben sollte:

„Wir hätten uns die letzten zwei Jahre ruhig scheiden lassen können. Ich weiß gar nicht, warum wir uns nicht trennten. Mein Mann sagte immer, eine Scheidung schade seinem Ansehen in der Firma, und er würde nicht einmal ein Getrenntleben zulassen. Mir selbst fehlte das Selbstvertrauen, allein zu leben und mich allein ernähren zu können. So kam es zu diesem seltsamen Zusammenleben."[36]

Andere Versionen der Flucht aus solchen Nicht-Ehen bestehen im Alkoholismus oder auch darin, daß sich die Frauen eine Anstellung suchen, nur um nicht zu Hause sein zu müssen. In einer Hinsicht hat sich die Position der Frau in der Familie deutlich gebessert: in ihrem Verhältnis zur Schwiegermutter. Die Berufstätigkeit der jungen Frau hat zwangsläufig eine gewisse Distanz zwischen Schwiegertochter und Schwiegermutter entstehen lassen und die Konflikte verringert. Seit den siebziger Jahren spricht man allgemein von einer Umkehrung des ursprünglichen Verhältnisses. Nicht mehr die Schwiegermutter gibt den Ton an in einer Drei-Generationenfamilie, sondern die Schwiegertochter, die als Mitverdienerin deutlich an Selbstbewußtsein gewonnen hat. Schließlich geht sie, wenn sie eine Liebesheirat eingegangen ist, heute um des Mannes willen in die andere Familie und nicht mehr, um „als Schwiegertochter den Schwiegereltern zu dienen."

b) Die Kinder – Mittelpunkt der Familie

Die hohe Lebenserwartung der Japaner (Männer 76, Frauen 81 Jahre) und die geringe Kinderzahl haben heute das Verhältnis der Ehepartner innerhalb der Familie notwendigerweise in den Vordergrund gerückt. Dennoch ist die japanische Familie im Gegensatz zu manchen westlichen Ländern, wo sich die Kinder weitgehend der Welt der Erwachsenen anzupassen haben, immer noch stark kindorientiert. „Bis sieben Jahren in der Hand der Götter" (nanasai made kami no uchi) lautet ein japanisches Sprichwort. Bis sieben Jahre (nach unserer Rechnung sechs Jahre) hat das Kind noch kein Bewußtsein von Schuld, ist identisch mit seiner ursprünglichen Göttlichkeit und kann nicht zur Verantwortung gezogen werden. Man verzeiht ihm, weil es Kind ist und „weil es schon irgendwann zur Einsicht kommen wird." An dieser nachsichtigen und wohlwollenden Einstellung zum Kind, die auf der Überzeugung beruht, daß die Natur des Kindes von Grund aus gut ist, hat sich bis heute nichts geändert.

Eine andere Redensart – „die Kinder wachsen auch ohne Eltern auf" (oya ga nakutemo ko wa sodatsu) –, heute oft gegen übertriebene Fürsorge angeführt, hat kaum mehr Bedeutung, da die Gemeinschaft fehlt, die sich früher selbstverständlich für alle Kinder verantwortlich fühlte.

Die Kindersterblichkeit ist im Vergleich zur Vorkriegszeit auf ein Zehntel zurückgegangen: die Ernährung ist besser, die körperliche Entwicklung schneller als bei allen früheren Generationen, auch wenn jetzt öfter Zivilisationskrankheiten vorkommen, die es früher nicht gegeben hat. Da die Kinder nicht mehr mit sieben oder acht Jahren in die Produktion des Familienbetriebs oder zum Kinderhüten eingesetzt werden, sollten sie, könnte man annehmen, freier und ungebundener sein. 96 Prozent der fünfjährigen Kinder besuchen einen Kindergarten oder Hort, 75 Prozent haben mit zehn bis elf Jahren ein eigenes Zimmer; 93,9 Prozent der Jungen und Mädchen besuchen die höhere Schule bis zum 18. Lebensjahr, und 36,1 Prozent gehen noch weitere zwei oder vier Jahre auf ein College oder eine Universität.[37] Dieses „Moratorium der Jugend" bis zum Berufseintritt, wie es der japanische Psychologe Okonogi Keigo nannte, hat die Phase der kindlichen Abhängigkeit sowohl materiell als auch psychisch auf Kosten der Persönlichkeitsentwicklung hinausgezögert. Hinzu kommt, daß die japanische „Hochschul-Karriere-Gesellschaft" (gakureki shakai), wie die japanische Gesellschaft bezeichnet wird, vom Schuleintritt mit sechs Jahren an oft wenig Raum läßt für echtes Kindsein und freie Entfaltung kindlicher Phantasie und Energie. In Extremfällen wird schon im Kindergarten eine einseitige intellektuelle Erziehung mit Computer- und Fremdsprachen-Unterricht oktroyiert. Da die berufliche Karriere weitgehend davon abhängt, welche Universität man absolviert hat, und weniger, welches Fach mit welchem Ergebnis, sind die Jugendlichen früh dem Konkurrenzkampf um die jeweils begrenzten Plätze an den besseren staatlichen und privaten Universitäten ausgesetzt. Bis sieben Jahre gehören die Kinder den Göttern, aber spätestens in der Mittelschule (12–15 Jahre) beginnt die „Examenshölle" (shiken jigoku), die Vorbereitung auf die Eintritts-Prüfungen für die Oberschulen, die ihrerseits in Ränge gegliedert sind. Für die Familien bedeutet dies, daß nun alle Aufmerksamkeit und Erwartung auf die Testergebnisse des Jugendlichen gerichtet sind, so daß dieser unter großem psychischem Druck steht. Die Belastung ist für den Jungen größer als für das Mädchen, denn dieses wird ja doch heiraten. Eine Familie, deren Kinder in der Vorbereitung für die Eintrittsexamina stehen, kann sich des Mitgefühls der Umgebung sicher sein. Bedenkt man, daß mit dem Ergebnis dieser Prüfungen die Weichen für die berufliche Laufbahn gestellt werden, kann ihr Gewicht kaum hoch genug eingeschätzt werden.

Vergleiche haben aber auch zutage gebracht, daß japanische Kinder über bedeutend weniger Zeit zum Spielen und zur kreativen Beschäftigung verfügen und kaum im Haus helfen. Dies verdeutlicht die einseitige Ausrichtung der Erziehung, die auch im eigenen Land ständige Zielscheibe der Kritik ist. Daß das Heranwachsen eines jungen Menschen unter extremem Leistungsdruck Opfer fordert, wundert nicht. Schulverweigerung, Gewalt gegen Eltern, Lehrer oder Schuleinrichtungen, das Quälen von Mitschülern und auch Selbstmord sind in der Presse häufig diskutierte Formen der Rebellion gegen das System.

Wenn heute mit Stolz auf den Wohlstand und den technologischen Fortschritt Japans hingewiesen wird, finden sich immer auch Stimmen, die diese anomischen Erscheinungen unter den Kindern und Jugendlichen als Preis für den materiellen Wohlstand herausstellen. Die Ursachen werden jedoch unterschiedlich gesehen. Was für die einen das Schulsystem mit seiner Reglementierung und einseitigen Ausrichtung ist, ist für die anderen die Kleinfamilie, die nicht mehr in der Lage sei, die Kinder widerstandsfähig zu erziehen, in der sie stattdessen verweichlicht und abhängig gemacht würden von allzu erziehungsbeflissenen Müttern (kyōiku mama). An beiden Erklärungen ist ebenso viel Wahres wie an der Tatsache, daß die Kinder in eine reizüberflutete Wohlstandsgesellschaft geboren werden, in der ohne große Anstrengung mit Geld scheinbar alles zu bekommen ist.

Die mangelnde Selbständigkeit der Jugendlichen wurde allgemeines Gesprächsthema, als man vor Jahren bei den Universitäts-Aufnahmeprüfungen die angehenden Studenten in Begleitung ihrer Mütter zum Prüfungsort kommen sah. Heute bleiben die Mütter zu Hause, aber wenn die Söhne oder Töchter die Prüfung erfolgreich hinter sich gebracht haben, sieht man sie wieder, wie sie sich um die Anmietung der Studentenwohnung kümmern.

Nichts Ungewöhnliches ist es, daß die Eltern sich am Ende des vierjährigen Studiums bei der Stellensuche wiederum engagieren. Dabei werden die Jungen kaum weniger als die Mädchen bevormundet, wogegen die Mädchen jedoch mehr Unabhängigkeit zu entwickeln scheinen. So wird in der Asahi-Zeitung vom 22. Dezember 1988 berichtet, daß in der letzten Zeit viele Verlöbnisse von den Frauen wieder gelöst werden, weil sie bei der Planung des gemeinsamen Lebens plötzlich festgestellt haben, daß ihr zukünftiger Ehepartner unfähig ist und desinteressiert an den anstehenden alltäglichen Problemen.

Meist werden die Mütter in ihrem Erziehungseifer und ihrer Fixiertheit auf das Kind für die mangelnde Selbständigkeit der Jugendlichen verantwortlich gemacht. Aber auch hier ist wieder ein größerer Rahmen zu berücksichtigen. Nominell ist die japanische Durchschnittsfamilie heute eine Kernfamilie aus Ehepaar und ein oder zwei Kindern. Faktisch aber handelt es sich in sehr vielen Fällen um sogenannte „unvollständige Familien“ aus Mutter und Kindern, da der Vater wegen der langen Arbeitszeiten seine Kinder oft nur am Wochenende erlebt und selbst dies nicht immer, da er durchaus verpflichtet sein kann, mit Geschäftskollegen Golf zu spielen. In anderen Fällen lebt er ganz getrennt von der Familie, weil ihn die Firma versetzt hat, die Familie aber wegen der Schulkarriere der Kinder oder des gerade erworbenen Eigenheims nicht umziehen kann. Diese Situation trifft man so häufig an, daß sie von den meisten Frauen als „normal" aufgefaßt wird. Die Folge davon ist, daß sich die Mütter gänzlich für die Erziehung und die Schulleistungen der Kinder verantwortlich fühlen, zu hohe Erwartungen an sie stellen und ihnen zu wenig Freiraum für außerschulische Interessen zugestehen. Nicht der Vater, sondern die Mutter wird denn auch heute von den Kindern in Japan als „streng" beschrieben.

Das Wort von der „vaterlosen Gesellschaft", das Alexander Mitscherlich nach dem Krieg für die deutsche Gesellschaft geprägt hat, trifft heute mehr denn je auf die japanische Gesellschaft zu. Auch in Japan hat es nach dem Krieg einen starken Autoritätsverlust in der Familie gegeben. Dabei kam es jedoch weniger zum Konflikt denn zur Entfremdung zwischen den Generationen. Diese ist heute noch dadurch verstärkt, daß die jüngere Elterngeneration keine Beziehung mehr hat zum Land, zur Provinz. Während die ältere Generation vielfach noch auf dem Land großgeworden ist, kennt die jüngere nur das Stadtleben und Angestelltendasein, das von ihnen völlige Aufopferung fordert. Das Fehlen des Vaters als Identifikationsfigur für die Söhne ist von besonderer Tragweite und führt zu den verschiedensten Formen abweichenden Verhaltens, nicht selten zu starker Abhängigkeit von der Mutter, die dann entsprechende Probleme in der späteren Ehe mit sich bringt.

Wie wiederholte Umfragen ergeben haben, besteht heute die verbreitete Auffassung, die Familie erfülle ihre eigentliche Erziehungsfunktion nicht mehr. Als Ursache dafür werden an erster Stelle „mangelnde Gelegenheiten zu gemeinsamen Unternehmungen" genannt.[38] Das heißt, die Familie als Ort für die Regeneration des „der Firma ergebenen Hausvaters" und als „Zulieferbetrieb für die Schule" ist offenbar kaum mehr der eigentliche Ort der Orientierung für den einzelnen. Wenn oben die Wohnverhältnisse als entscheidendes Kriterium für die Zusammensetzung der Familie genannt wurden, so muß an dieser Stelle darauf hingewiesen werden, daß die japanische Familie heute auch an Zeit des Zusammenseins eingebüßt hat, wie dies in anderen Industrieländern kaum zu finden ist. Nicht nur, daß der Vater eine Gastrolle spielt und die Mutter eventuell wegen einer Ganz- oder Halbtagsbeschäftigung außer Haus ist, auch die Kinder selbst sind, soweit sie das Schulalter erreicht haben, wegen der Ganztagsschule etwa zwei Drittel des Tages nicht zu Hause. Schon die Erstkläßler sind sechs bis sieben Stunden in der Schule. Sobald die Kinder unter den Druck der Eintrittsexamina kommen, besuchen sie abends die sogenannten „Einpaukschulen" (juku), von denen sie oft erst um neun oder zehn Uhr nach Hause kommen. In der Schule sind sie zu Aktivitäten in Klubs verpflichtet, die nicht zuletzt mit dem Ziel eingerichtet wurden, die Kinder „von der Straße fernzuhalten". Gemeinsame Unternehmungen in der Familie bestehen damit oft nur noch im Essen und Fernsehen.

Aber es gibt auch Kritik, und es gibt „Aussteiger": Väter entschließen sich, der Angestelltenkarriere den Rücken zu kehren und private Unternehmen wie Pensionen in Ausflugsorten zu eröffnen oder Arbeiten zu beginnen, die weniger familiäre Opfer fordern. In einer Fernsehsendung über solche Väter wurde ein Angestellter in Kobe gezeigt, der einen zweistündigen Anfahrtsweg zu seiner Firma in Kauf nahm, da er aus der Stadtwohnung mit seiner Familie aufs Land in einen verlassenen Bauernhof gezogen war, wo er in seiner Freizeit den Gemüsegarten bestellte. Fast alle Familien in der Umgebung seines Hauses waren aus der Stadt „ausgewandert". Wie er berichtete, seien seine drei Kinder in der neuen Umgebung kindlicher, natürlicher geworden in ihrem Verhalten als in der Stadt, wo das Leben der Erwachsenen und der Kinder schon wegen der engen Wohnverhältnisse und der mangelnden Spielgelegenheiten außerhalb des Hauses kaum getrennt vor sich ging. Anzumerken ist, daß dieser Vater bei einer ausländischen Firma mit einem Arbeitstag von acht Stunden angestellt war.

c) Im Alter zu den Kindern?

Die Kernfamilie aus Ehepaar und Kindern ist nicht zuletzt deshalb ins Zentrum der Diskussion gerückt, weil mit ihrer Zunahme die Versorgung der alten Bevölkerung erstmals gefährdet erscheint. Neben dem Geburtenrückgang ist der Anteil der über 65jährigen im Verhältnis zur Gesamtbevölkerung das auffälligste demographische Phänomen der Nachkriegszeit. 1947 betrug er noch 4,8 Prozent, 1970 stieg er auf 7,1 Prozent und 1985 auf 10,3 Prozent an. Im selben Zeitraum fiel der Anteil der unter 15jährigen von 35,3 Prozent (1947) auf 21,5 Prozent (1985).[39] Gleichzeitig stieg auch der Anteil der Pflegebedürftigen mit dem zunehmenden Durchschnittsalter. Während 1980 noch 65,5 Prozent der Alten zwischen 65 und 75 Jahre alt waren, werden dies im Jahr 2025, wenn Japan seinen Höhepunkt in der Überalterung der Bevölkerung erreicht haben wird, 48,9 Prozent sein, die Mehrheit von 51,1 Prozent wird über 75 Jahre zählen.

Wie heute noch in vielen asiatischen Ländern war es in Japan bis nach dem Krieg selbstverständlich, den Lebensabend in der Familie eines der Kinder, meist der des ältesten Sohnes, zu verbringen. Dies hat sich erst in den letzten zwei Jahrzehnten mit der Verschlechterung der Wohnsituation städtischer Kleinfamilien geändert. Noch 1960 lebten 87 Prozent der über 65jährigen bei einem ihrer Kinder; von 1965 an ging dieser Prozentsatz langsam zurück und betrug 1985 nur noch 65,6 Prozent. Die absolute Zahl der mit den Kindern zusammen Wohnenden hat dennoch weiter zugenommen, aber der Prozentsatz der Alleinlebenden hat sich im gleichen Zeitraum verdoppelt, der der allein lebenden Ehepaare verdreifacht, wobei ihr Anteil umso höher ist, je entlegener der Wohnort.[40]

Im Vergleich zu anderen westlichen Industrienationen, wo nur 20 bis 40 Prozent der Alten bei den Kindern leben, ist der Anteil in Japan hoch, und es zeigt sich, daß auch im Bewußtsein kein nennenswerter Wandel eingetreten ist; immer noch wollen 80 Prozent der heute 30- bis 40jährigen mit den Kindern zusammen leben, wenn sie einmal hilfsbedürftig sind. Lediglich der Anteil derjenigen, die von Anfang an mit einem ihrer Kinder zusammen leben wollen, hat etwas abgenommen, wobei die Tendenz, bei den eigenen Töchtern wohnen zu wollen, leicht steigend ist.[41] So plausibel es erscheint, daß ein Zusammenleben erst ins Auge gefaßt wird, wenn Hilfsbedürftigkeit vorliegt oder wenn ein Großelternteil allein zurückgeblieben ist, so hat dennoch die Praxis gezeigt, daß es vielfach schwieriger ist, einen alten Menschen zu einem späteren Zeitpunkt in die eigene Familie einzugliedern, als wenn von vornherein ein gemeinsamer Rhythmus gefunden wurde.

Das Festhalten am Zusammenleben der älteren und jüngeren Generation mag in europäischen Augen als Mangel an autonomem Lebensstil erscheinen. Es ist jedoch von zwei sich gegenseitig bedingenden Faktoren bestimmt, dem tradierten, konfuzianischen Pflichtgefühl gegenüber der älteren Generation und der dieses Pflichtgefühl voraussetzenden Säumigkeit der Regierung in sozialpolitischen Maßnahmen.

So wird heute ganz selbstverständlich damit gerechnet, daß sich ältere Personen gegenseitig helfen, soweit der eine Partner oder die Partnerin noch rüstig ist. Auch der freiwillige Sozialdienst der von der Kindererziehung entlasteten Hausfrauen ist in die offizielle Rechnung mit aufgenommen. Das ist kostensparender als zentrale große Heime für die Alten.[42] 1971 lebten nur ein Prozent der über 65jährigen in einem Altersheim; 3,1 Prozent würden sofort für Aufnahme optieren, wenn ihnen die Gelegenheit gegeben wäre. Nur ein Drittel des Bedarfs war damit gedeckt. In Europa und den USA lebten mehr als drei Prozent in Altenheimen.[43] Inzwischen hat sich die Lage etwas gebessert. 1985 lebten von den alleinstehenden Alten etwas mehr als zehn Prozent in irgendeiner Art Heim.[44] Aber immer noch ist die Scheu vor den Altenheimen groß, weil sie mit dem Image des Armenhauses verbunden werden und es einer Verletzung der kindlichen Pflicht gegenüber den Eltern gleichkommt, wenn man diese in ein Heim gibt. Schließlich geht die ältere Generation selbst davon aus, daß sich die Kinder ihrer Fürsorge annehmen, und strebt nicht nach einem unabhängigen Leben, zumal ihr dies oft finanziell gar nicht möglich wäre. Ein weiteres Moment für das notgedrungene Zusammenleben liegt, wie oben angedeutet, auf Seiten der Kinder, die bei der momentanen Wohnsituation oft froh sind, wenn sie die Aussicht haben, einmal das elterliche Haus übernehmen zu können. Da nur ein Kind das Haus erben kann, hat sich die Sitte, beim ältesten Sohn zu leben, unter den Alten nach wie vor zu einem Gutteil erhalten.

So ist auf beiden Seiten nicht wenig Berechnung im Spiel, und mit zunehmendem Wohlstand kommt dies zum Beispiel in Form von Erbstreitigkeiten immer unverblümter zur Geltung. Das jämmerliche Schicksal, das die Alten dabei erleiden können, ist schon wiederholt zum Thema von Fernsehdramen gemacht worden; so in dem Stück „Die paradiesische Familie" (Gokuraku kazoku) von Nakajima Takeharu, in dem gezeigt wird, wie mit der Berufung auf Blutsverwandtschaft die Freundschaft eines alten Ehepaares zu zwei jungen Leuten, die bei ihnen wohnen und ihnen helfen, von den Kindern zerstört wird, da diese um ihr Erbteil fürchten. Für die beiden Alten geht damit ein unverhofftes Glück plötzlich in die Brüche. Der Mann stirbt, und die Frau findet sich im Haus des Sohnes und der Schwiegertochter als zukünftige Erblasserin wieder.[45]

Die Stellung der Großeltern in der japanischen Familie hat sich radikal gewandelt, seit sie nicht mehr diejenigen sind, die die Techniken der Produktion und der Haushaltsführung tradieren, es sei denn, es handelt sich um Familienbetriebe. Hier ist folglich auch die Beziehung der Familienmitglieder über die gemeinsame Aufgabe, das gemeinsame Arbeiten noch am ehesten intakt. In einer Angestelltenfamilie versteht die ältere Generation meist nichts von der Arbeit der jüngeren, ihre Aufgabe ist darauf reduziert, die Kinder und das Haus zu hüten. So hat sich aufgrund dieser Entfremdung das Verhältnis zwischen Schwiegermutter und Schwiegertochter radikal geändert. Die Schwiegermutter hat sich dem Lebensstil der jungen Leute anzupassen, was wiederum neue Probleme mit sich bringt. „Manchmal würde ich ja gern etwas sagen, aber dann schweige ich lieber. Ich bin ja doch auf sie (die Kinder) angewiesen", hörte ich in einem Ärzte-Wartezimmer eine etwa

60jährige Frau über ihr Verhältnis zu ihrer Schwiegertochter klagen.

So idyllisch auch der Lebensabend im Kreis der Kinder und Enkelkinder von offizieller Seite dargestellt und mit dem eigens eingerichteten Feiertag zur „Ehrung des Alters" (keirō no hi) manifestiert wird, so einsam ist doch in vielen Fällen das Dasein der Alten in der Familie, deren Wertvorstellungen von Sparsamkeit, Maßhalten und Selbstdisziplin aus der Vor- und Nachkriegszeit zu der heute berufstätigen Generation in scharfem Gegensatz steht. Die häufigsten Konfliktpunkte bestünden in den unterschiedlichen Eßgewohnheiten und in der Kindererziehung, heißt es. Was dies der älteren Generation abverlangt, schilderte eine Frau in einem Leserbrief der Asahi-Zeitung (Kyūshū-Ausgabe) vom 25. 9. 1984. Der Anlaß des Leserbriefs war das Ergebnis einer Umfrage, wonach immer noch über 70 Prozent ein Zusammenleben mit den Kindern für selbstverständlich halten.

„Wer sich über dieses Ergebnis freut," schreibt die Einsenderin, „sollte wissen, daß das Zusammenleben mit der jüngeren Generation Tag für Tag Geduld und nochmals Geduld erfordert. Und dies nicht nur von den Alten, auch von den Jungen ... Der Unterschied in der Denkweise ist absolut. Man ist sich so fremd, als würde man von einem anderen Stern kommen ... Wenn man zusammenlebt, hat es die Schwiegertochter leicht, weil ihr jemand den Haushalt besorgt und das Haus hütet. Das ist der wahre Hintergedanke dabei. ... Sehr schwierig sind die unterschiedlichen Eßgewohnheiten. Alte Leute können nun mal nicht jeden Tag Fettes essen. Und dann fordert die Schwiegertochter, man solle das Enkelkind nicht nach alter Manier erziehen. Aber wie kann jemand, der selbst keine Erziehung hat, ein Kind erziehen? Äußert man dies, nimmt der Sohn gleich die Schwiegertochter in Schutz."[46]

In einer internationalen Erhebung, welche Lebensphase einem als die schönste im ganzen Leben erscheine, haben nur die japanischen Befragten den Lebensabend angeführt. Für manche ist dies der Beweis, daß die ältere Generation immer noch in der Familie gut aufgehoben ist. In den Augen anderer ist dies lediglich Ausdruck dafür, daß diese Generation nach so vielen Entbehrungen endlich am Wohlstand teilnehmen kann. Letzteres scheint mir die zutreffende Interpretation, denn man kommt nicht an der Tatsache vorbei, daß die Selbstmordrate der über 65jährigen laut Weißbuch der Polizei von 1985 innerhalb der gesamten Rate den höchsten Anteil einnimmt und Japan im internationalen Vergleich damit nach Ungarn an zweiter Stelle steht. Wiederum ist der Prozentsatz der Alten, die mit den Kindern zusammenlebten und sich das Leben nahmen, am größten.[47] Auch der Doppelselbstmord soll heute nicht mehr wie noch vor einigen Jahren hauptsächlich von Müttern mit Kindern begangen werden, sondern von alten Ehepaaren. Wie in dem oben zitierten Leserbrief deutlich zum Ausdruck kommt, liegt die Belastung bei einem Zusammenleben auf beiden Seiten, aber sie liegt besonders bei den Frauen. Von ihnen heißt es, daß sie in ihrem Leben das Altern dreimal erleben: erst das der Schwiegereltern, dann das des Mannes und schließlich das eigene. 1984 wurden zwei Drittel der bettlägerigen Alten zu Hause gepflegt, und diese Pflege lag zu 90 Prozent in den Händen der Frauen, überwiegend der Schwiegertöchter, aber auch der Ehefrauen und Töchter. Welches Los dies bedeuten kann, schilderte mir eine Frau, die ihre beiden altersdebilen Schwiegereltern gleichzeitig zu pflegen hatte, mit den Worten: „Es war die Hölle."

Der Roman „Kōkotsu no hito" (Wörtlich: Der senile Alte, engl. Übersetzung: „Twilight Years" von Mildred Tawara, Kōdansha 1984), der die Sorge für den senilen und verkalkten Schwiegervater zum Thema hat, erschien 1972 und stand lange Zeit auf der Bestsellerliste. Offenbar hatte er eine aktuelle Situation treffend erfaßt. Während Krankheit und Geistesgestörtheit als Makel der Familie bislang überwiegend hinter verschlossenen Türen gehalten wurden, wurde in diesem Roman die tatsächliche Situation erstmals schonungslos offengelegt. Diese Befreiung von einem Tabu dürfte mit zu dem Erfolg des Romans beigetragen und eine freiere Diskussion der Problematik ermöglicht haben. Insgesamt besteht der Eindruck, als stehe Japan in der Bewältigung der Probleme des Alterns am Anfang eines schwierigen Lernprozesses. Die einzelne Familie ist der Aufgabe kaum mehr gewachsen.

7. Familienähnliche Beziehungen in Wirtschaft, Kunst und kriminellen Banden

Eine Darstellung der japanischen Familie wäre unvollständig, wenn sie nicht auch auf die Bereiche einginge, in denen familienähnliche Organisationsformen vorherrschen. Bekanntlich gibt es Theorien, die aufgrund dieser Erscheinungen das Strukturmuster der japanischen Gesellschaft überhaupt in der familialen Organisation sehen. Und es ist häufig versucht worden, den Erfolg japanischer Unternehmen mit der angeblich familialen Beziehung innerhalb der Betriebe zu erklären. Dabei wird hervorgehoben, daß schon vom Eintritt in die Firma an ein Treue-Pflicht-Verhältnis zwischen Arbeitnehmer und Arbeitgeber entsteht, weil sich der Arbeitgeber, das heißt das Unternehmen, verpflichtet, dem Eingestellten lebenslange Anstellung zu garantieren, sukzessive Aufstiegschancen zu gewähren und soziale Leistungen wie Wohnung, ärztliche Versorgung und Freizeiteinrichtungen in Aussicht zu stellen. Von dem Arbeitnehmer wird dagegen lebenslange Treue zur Firma, totale Einsatzbereitschaft auch über die vertraglich festgesetzten Arbeitszeiten hinaus und Mobilität hinsichtlich des Arbeitsplatzes auch auf Kosten der Familie erwartet. Mit Firmenliedern, Morgenappellen, Statuten zur Arbeitsmoral und mit firmeneigenen Sportmannschaften und Sportfesten wird alles getan, um das Wir-Gefühl der Angestellten zu stärken und sie für den Konkurrenzkampf mit anderen Firmen zu rüsten.

Die Firma als eine große Familie, der sich die Angestellten willig unterordnen, dies war die Unternehmensideologie, die in den Augen vieler Europäer und Amerikaner plötzlich so aufschlußreich und vorbildhaft erschien. Japanische Untersuchungen zu diesem Thema haben jedoch schon lange darauf hingewiesen, daß solche Ideologie ein historisches Produkt aus den ersten Jahrzehnten dieses Jahrhunderts ist, als Arbeiterunruhen und sozialistisches Denken die Beziehung von Arbeitgeber zu Arbeitnehmer zu gefährden schienen und als der

Mangel an qualifizierten Arbeitskräften die Unternehmensleitungen dazu zwang, bei der Konkurrenz um die Anwerbung von Arbeitskräften mit besonders attraktiven Angeboten zu locken und zu verhindern, daß Angestellte wieder abgeworben würden. Schließlich war die Idee vom Betrieb als einer familialen Gemeinschaft keine isolierte Erscheinung, sondern eher eine Variante der seit dem Erziehungsedikt von 1890 wirksamen familistischen Staatsideologie, wonach der japanische Staat mit dem Kaiser an der Spitze ein organisches, familiales Gebilde sei. In der damaligen Zeit des wirtschaftlichen Umbruchs und der politischen Krisen bot sich diese nach gegenseitiger Anpassung strebende Vorstellung als gemeinschaftsfördernd an. Daß sie auch nach dem Krieg im steigenden Konkurrenzkampf der Unternehmen untereinander wieder als willkommenes Integrationsinstrument eingesetzt wurde, ist nicht von ungefähr. Wie bereits beschrieben, herrschte zur Zeit des wirtschaftlichen Aufschwungs Arbeitskräftemangel, so daß die neu Einzustellenden wie „goldene Eier" gehandelt wurden und die Firmen mit besten Sozialleistungen konkurrierten. Dies konnten jedoch nur die Großunternehmen bieten, und auch nur hier galt die lebenslange Anstellung und die Bezahlung nach Seniorität. Die Mehrheit der japanischen Angestellten waren und sind jedoch in Mittel- und Kleinbetrieben beschäftigt, wo es keine derartigen Leistungen gab und wo die Fluktuation der Angestellten schon immer groß war. Die Ideologie von der Betriebsfamilie ist somit keine naturgegebene, spezifisch japanische Erscheinung. Sie ist in erster Linie Zweckdenken. Bei der Doppelstruktur der japanischen Wirtschaft wird sie oft in einen Topf geworfen mit den historisch gewachsenen Familienbetrieben bäuerlicher Art oder in Gestalt der Zulieferbetriebe für die großen Unternehmen, wie sie noch in erheblicher Zahl existieren. Hier handelt es sich jedoch um echte und nicht um fiktive Familienbeziehungen, es sei denn, daß einzelne Angestellte als Quasi-Verwandte in die Familie aufgenommen werden, was häufig vorkommt.

Gleichwohl ist die Identifikation mit der Firma zweifellos groß und manchmal größer als die mit der eigenen Familie.

Die neuesten Untersuchungen zur Einstellung junger Arbeitnehmer zu ihrer Firma haben jedoch ergeben, daß der überwiegende Teil nicht mehr gewillt ist, die Familie der Firma zu opfern, sondern daß persönlichen Interessen der Vorrang gegeben wird. Auch die großen Unternehmen selbst sind im Zuge der Informationstechnik vom Senioritätsprinzip und von der lebenslangen Anstellung abgekommen und verfahren heute nach dem Leistungsprinzip.

Der wichtigste Bereich, in dem fiktive verwandtschaftliche und familiale Beziehungen auch heute noch wirksam sind, sind die traditionellen Künste des Nō-Theaters, der Tee-Zeremonie, des japanischen Tanzes, des Blumensteckens sowie die traditionellen Sportarten. Die Überlieferung von vielfach geheimen Techniken und Interpretationen bringt eine straffe hierarchische Gruppierung um den Meister oder die Meisterin mit sich. Als ‚iemoto' (wörtlich: Hausgründer) ist der Meister für die Exklusivität der Lehre, die Ausbildung der Schüler, Verleihung von Titeln oder Künstlernamen und gegebenenfalls den Ausschluß von Mitgliedern aus der Schule verantwortlich, die gegen deren Regeln verstoßen haben. Da die Lehre durch direkte Nachahmung überliefert wird, bringt sie eine enge Beziehung zwischen Meister und Schüler mit sich, die oft auch auf die private Lebensweise übergreift.

Beim Tod eines iemoto wird seine Position an einen Schüler vererbt. Vielfach ist dies der Augenblick, wo die divergierenden Ansichten über bestimmte Lehrmeinungen oder die Machtkämpfe unter den zu Lehrern avancierten Mitgliedern der Schule zum Ausbruch kommen und Spaltungen von Schulen entstehen. Das iemoto-System ist der Prototyp quasifamilialer Organisation, wo bestimmte Fertigkeiten oder Inhalte nur über personale Beziehungen vermittelt werden.

Die familialen Beziehungen innerhalb krimineller Banden (yakuza), die mit den Bezeichnungen ‚oyabun – kobun' (Vater-Sohn) zum Ausdruck kommen, bestehen in einem gegenseitigen Abhängigkeitsverhältnis von ‚Boss' und ‚Gefolge', wobei der ‚Boss' absolute patriarchalische Gewalt besitzt und den Schutz der Gemeinschaft garantiert, während von dem ‚Gefolgsmann‘ (kobun) absolute Treue erwartet wird. Auch in der Welt der geishas herrschte eine solche Beziehung zwischen Patron und geisha, die allerdings zeitlich befristet sein konnte.

Diese familialen Beziehungen haben mit der tatsächlichen japanischen Familie das ursprünglich hierarchische Abhängigkeitsverhältnis zwischen ungleichen Partnern gemein, das weniger vertraglich-sachlich als personal begründet ist. Im Gegensatz zur tatsächlichen Familie sind diese Beziehungen jedoch immer ziel- und zweckorientiert. Denkt man an die patriarchalischen Organisationen in kriminellen und religiösen Gruppen anderer Länder oder auch nur an das Relikt des „Doktorvaters“ in der deutschen akademischen Welt, sieht man, daß es sich nicht um ein japanisches Spezifikum handelt. Lediglich das Ausmaß, das derartige Beziehungen heute noch in Wirtschaft, Politik und Kunst einnehmen, ist auf japanischem Boden besonders groß. Die Bevorzugung personaler Beziehungen vor vertraglich-sachlichen verhindert vielfach eine klare Trennung der privaten und öffentlichen Sphäre, hat jedoch auch manches an Entfremdung abgefangen, die andere Länder im Zuge der Industrialisierung erfahren haben. Nach Ronald Dore sind diese Beziehungen damit zu erklären, daß Japan den Sprung vom Feudalismus in die moderne industrialisierte Welt gemacht hat, ohne die Befreiung des Individuums aus der Bevormundung zu erleben. Dies mag bis vor dem Zweiten Weltkrieg zutreffen, danach aber haben die Verstädterung und die Anonymisierung des täglichen Lebens sowie der erbarmungslose Konkurrenzkampf in der Wirtschaft die Bedeutung alter personaler Beziehungen wieder aufleben lassen. Hinzu kommt, daß die heutige Kleinfamilie das Bedürfnis nach menschlichen Beziehungen und Kontakten offenbar nur noch bedingt befriedigen kann.

8. *Zusammenfassung*

Abschließend soll noch einmal zusammengefaßt werden, welche Veränderungen die japanische Familie nach dem Krieg erfahren hat und wie sich diese im Bewußtsein von Familie niedergeschlagen haben. Die Nachkriegsfamilie allein als eine Fortentwicklung aus dem ie zu sehen, scheint dabei nicht angemessen. Zum einen war das ie ursprünglich eine Familienform der Oberschicht, wo der Name eines Hauses mit einem Hausvermögen oder -gewerbe verbunden war, zum anderen lebt das ie-Denken auch heute noch in der Betonung der Fortführung des Familiennamens, in der Ahnenverehrung und den dazugehörigen Riten fort.

Die rechtliche Grundlage des ie der Meiji-Zeit ist zweifellos durch die Abschaffung der Sonderposition des Hausvorstands, des Alleinerben und der Unmündigkeit der Frau nicht mehr gegeben. Daß dennoch manche Familien in Japan großen Wert auf die adäquate Weiterführung ihres Hauses legen, dem ältesten Sohn als zukünftigem Erben eine besondere Erziehung zukommen lassen und bemüht sind, bestimmte Familientraditionen weiterzuvermitteln, deutet auf ein Familienbild hin, wie wir es in der Oberschicht fast jeder Gesellschaft finden.

Daneben haben sich aber in der Allgemeinheit entscheidende Veränderungen im Selbstverständnis durchgesetzt. Die Autorität des Hausvorstands ging nach dem Krieg rasch zurück, und der autonomen Wahl der Ehepartner wurde sehr bald der Vorzug vor der Fremdbestimmung durch die Familie gegeben. Heute ist es bereits selbstverständlich, daß die Kinder ihre Lebenspartner selbst wählen, es sei denn, die Eltern leisten vermittelnde Hilfe.

In der Beziehung der Ehepartner zueinander, in ihrem Rollenverständnis vollzieht sich der Wandel langsamer, wenn man an die Beteiligung des Mannes bei der Hausarbeit denkt und daran, daß die jungen, unverheirateten Japanerinnen heute in beträchtlicher Anzahl geneigt sind, der Berufskarriere das

Nur-Hausfrau-dasein vorzuziehen (Asahi-Zeitung, 23.5. 1989). Angesichts von Berufsstreß und Diskriminierung in der Firma hat das Dasein der Hausfrau offenbar wieder positive Bedeutung gewonnen. Sobald jedoch die Kinder einigermaßen selbständig geworden sind, wandelt sich diese Einstellung, und der Großteil der Frauen ist nicht gewillt, sich schicksalergeben in das Los der Ehefrau und Mutter zu fügen. Man hat erkannt, daß wirtschaftliche Unabhängigkeit auch persönliche Freiheit garantiert und daß man im Fall einer Scheidung Ansprüche stellen kann. Das neueste Thema in der Frage der Gleichberechtigung der japanischen Frauen betrifft den Zwang, bei der Heirat nur den Namen des einen Ehepartners, ob Mann oder Frau, wählen zu können. Es wird dafür plädiert, daß die Frau ihren Mädchennamen auch nach der Heirat beibehalten kann.

Die gemeinsame Verantwortung einer nachbarschaftlichen oder verwandtschaftlichen Gruppe für die Erziehung der Kinder ist heute weitgehend an die Schule übergegangen, deren Richtlinien nicht selten in das Elternrecht eingreifen. Dieses ist insofern stark geschwächt, als die Fürsorge für die Kinder faktisch zur obersten Aufgabe der Mütter gemacht wurde. Die hohe Erwartung an die Mutter, der Leistungsdruck auf die Schulkinder und die unzureichende Präsenz des Vaters haben heute zu einer engen Bindung zwischen Mutter und Kind in der japanischen Familie geführt. Andererseits werden die Kinder kaum mehr gezwungen, im Sinne der Fortführung des ie den Beruf oder das Gewerbe des Vaters zu übernehmen, und auch die Annahme von Adoptivsöhnen zwecks Fortführung eines Gewerbes findet sich kaum noch. In der Sozialisation macht man immer noch Unterschiede nach Alter und Geschlecht, aber hinsichtlich der Rolle des ältesten Sohnes scheint eine Änderung eingetreten zu sein. Während früher die Geburt einer Tochter als Unglück galt, da diese mit der Heirat für die eigene Familie verloren war, beglückwünscht man sich heute zu einer Tochter, weil man nicht mehr wie bislang von der Schwiegertochter, sondern jetzt von der eigenen Tochter die Fürsorge im Alter erwartet. Es hat sich auch in Japan durchgesetzt, daß es der eigenen Tochter leichter fällt, ihre Eltern zu pflegen als ihre Schwiegereltern. Bei der geringen Kinderzahl ist es aber heute oft so, daß die Töchter Eltern und Schwiegereltern bis zum Tod umsorgen.

An der Einstellung zur Fürsorge im Alter zeigt sich, daß das Bewußtsein nicht identisch sein muß mit dem tatsächlichen Handeln. Über 80 Prozent der Befragten halten es auch heute noch für selbstverständlich, daß die Kinder im Alter für die Eltern sorgen, und immer noch die Mehrheit ist für ein Zusammenleben. Werden die Alten selbst befragt, dann zeigt sich, daß sie immer weniger mit den Kindern zusammenleben und eher selbständig sein wollen. Wie eng dies mit der wirtschaftlichen Konjunktur zusammenhängt, war daran zu sehen, daß der Wille zum Zusammenleben bei Frauen zwischen 20 und 49 Jahren im Jahr 1950 noch bei 59 Prozent lag; im Jahr 1964 war er auf 33 Prozent gesunken und stieg wieder etwas in den siebziger Jahren, in der Zeit der Rezession. Heute liegt er bei 47 Prozent.

Eine pragmatischere Einstellung hat sich auch bei der Vererbung eingestellt, wo nicht mehr aus Gewohnheit der älteste Sohn, sondern immer häufiger die Kinder berücksichtigt werden, die tatsächlich die Sorge für die Alten übernommen haben.

Die Ahnenverehrung, ein wichtiges Element im ie-Denken, wird von der überwiegenden Mehrheit für „gut“ oder „ganz normal“ gehalten. 81 Prozent bejahen, daß das ererbte Haus und das Grab für die Nachkommen gepflegt und erhalten werden müssen. Dennoch vollzieht sich inhaltlich auch hier eine Wandlung. Während ursprünglich in dem buddhistischen Hausaltar nur die Ahnen des Mannes und meist auch nur die männlichen verehrt wurden, findet man heute städtische Familien, in deren Hausaltar auch die Ahnentafeln der Eltern der Frau aufgestellt sind. Hier bahnt sich offenbar eine stärkere Individualisierung in der Ahnenverehrung an. Welche zentrale Bedeutung sie auch heute noch für die japanische Familie besitzt, zeigte sich vor einigen Jahren, als die Bevölkerung der Tokyo vorgelagerten Insel Ōshima wegen eines Vulkanausbruchs evakuiert werden mußte. Das wichtigste unter den mitgenommenen Habseligkeiten waren außer dem Banksparbuch die Ahnentäfelchen der Verstorbenen.

Auch die Kontinuität des Familiennamens spielt immer noch eine große Rolle. So kommt es heute häufig vor, daß bei Heiraten von Einzelkindern die Familien in Konkurrenz treten, wer den Namen der Familie fortführen soll. Meist setzt sich dabei der wirtschaftlich stärkere Partner durch, wo Haus und Vermögen vorhanden sind. Oft kommt es aber auch vor, daß man das Problem umgeht, indem man die Heiraten nicht standesamtlich meldet.

Eine Romantisierung oder Idealisierung der Familie, wie sie im 19. Jahrhundert in Deutschland stattgefunden hat, hat die japanische Familie nie erlebt. Dennoch ist ihre Privatisierung nach dem Krieg deutlich fortgeschritten. So kam in den sechziger Jahren mit dem wachsenden Wohlstand das Schlagwort „my-home“ auf. Als Werbeslogan bezog es sich ursprünglich auf die scheinbar grenzenlose Verschönerung des eigenen Heims. Dahinter stand aber auch als Ideologie (shugi) ein familialer Egoismus, der die Familie in den Mittelpunkt des Lebens rückte. Ein Trend, der auch heute noch von den Zwanzigjährigen fortgeführt wird. Umfragen zur Funktion der Familie heute haben ergeben, daß sie allem voran als Refugium zum Ausruhen, zur Regeneration und Kompensation von Entfremdung und Konkurrenz verstanden wird. Bei der starken Arbeitsorientierung der Japaner hat die Familie damit eine sekundäre, aber äußerst wichtige Funktion zu erfüllen. Insofern die Freizeit der gemeinsame Lebensinhalt der Familie geworden ist, folgt daraus, daß sie weniger ein System fixer Rollen darstellt, denn eine Gruppe von mehr oder weniger lose aufeinander bezogenen Individuen. Dies trifft zumindest für das Stadium zu, wenn die Kinder erwachsen geworden sind. Im Kleinkindalter oder auch dann, wenn ein Elternteil zu pflegen ist, steht die Fürsorge zwangsläufig im Zentrum, wobei diese nach wie vor eine Hauptlast der Frauen ist.

Da man in Japan in der Regel ein gesellschaftliches Leben in Form von Einladungen in das eigene Haus und Gegeneinladungen nicht kennt, sind die Kontakte der Familie insgesamt nach außen sehr gering. Auch hier handelt man arbeitsteilig: Der Mann pflegt die Beziehungen zu den Firmenkollegen mit Golfspiel und ähnlichem, die Frau pflegt die Kontakte zur Verwandtschaft und eigenen Frauenzirkeln. Gemeinsames wird hauptsächlich dann unternommen, wenn die Kinder noch klein sind. Auch zur Nachbarschaft werden nur oberflächliche Beziehungen geknüpft, obwohl hier durch die Distriktselbstverwaltung (chōnaikai) ein gewisser Kontakt zwangsläufig gegeben ist.

Wenn heute zu fast 60 Prozent als ideale Familie die Dreigenerationen-Familie genannt wird, obwohl die Kernfamilie mit drei bis vier Personen dominiert, so zeugt dies offenbar von der Vereinzelung der Familie in den Städten und der mangelnden Fähigkeit, diese durch nicht verwandtschaftliche Beziehungen zu kompensieren.

Anmerkungen

I. Die Familie unter dem Diktat der Ahnen (1603–1868)

1 Ōishi Shinzaburō: ‚Kinsei kazoku ni tsuite', in „Kazokushi kenkyū", Bd. VI, Tokyo 1981, S. 64–68. Ōtō Osamu: ‚Mibun to shakai – mibunsei-shihaika no ie to mura', in „Kōza Nihon kinseishi", Tokyo 1980, S. 147–199.

2 Die offiziell festgelegten vier Stände umfassen jedoch nicht den Hofadel, den buddhistischen und shintoistischen Klerus und die Paria (eta, hinin), die ihrerseits zusammen etwa 10 Prozent der Bevölkerung ausmachten. Die vier Stände waren wiederum in sich hierarchisch gegliedert und ließen eine Mobilität innerhalb ihrer Grenzen zu. Grundsätzlich war aber durch die Geburt vorherbestimmt, welcher sozialen Schicht der einzelne angehörte.

3 Uchiyama Katsumi u. a.: „Kinsei Nihon kyōiku bunkashi", Tokyo 1961, S. 23.

4 Ackroyd, Joyce: ‚Women in Feudal Japan', in „Transactions of the Asiatic Society of Japan" VII (Nov. 1959), S. 50 ff.

5 Die ersten ‚Hausgesetze' (kaken, kakun, kahō) traten bereits in der Kamakura-Zeit unter den landbesitzenden samurai auf. Sie enthielten vor allem Belehrungen für das Gedeihen und die Kontinuität des Hauses. In der Zeit der Kriegswirren wurden darüberhinaus menschliche Tugenden und geistige Werte betont. In der Tokugawa-Zeit sind die Inhalte stark konfuzianisch geprägt. Ab Mitte derselben Epoche finden wir sie auch in großen Kaufmannshäusern, wo sie stark pragmatisch angelegt sind und über rechtes Geschäftsverhalten belehren.

6 s. Wlosok, Antonie: ‚Vater und Vatervorstellungen in der römischen Kultur', in: Tellenbach, Hubertus (Hrsg.): „Das Vaterbild im Abendland" I, Stuttgart 1978, S. 18–28. Auch Kamata Hiroshi: „Bakuhan taisei ni okeru bushi kazokuhō", Tokyo 1970, S. 3.

7 Angeregt bereits 1914 durch Nakata Kaoru's „Tokugawa jidai no bungaku ni mietaru shihō" hat in Japan eine lebhafte Diskussion unter den Rechtshistorikern stattgefunden um das Für und Wider eines „Patriarchats" in der Tokugawa-Zeit. Eine ausführliche Darstellung der auch heute noch andauernden Diskussion findet sich u. a. bei Kamata Hiroshi (s. Anm. I, 6), Kap. 1; Ōtake Hideo: „Hōken shakai no nōmin kazoku", verb. Auflage, Tokyo 1982, Kap. 4 und ders.: „Ie to josei no rekishi", Tokyo 1977, Kap. 6; Ishii Ryōsuke: „Ie to koseki no rekishi",

Tokyo 1981, Anhang, S. 713 ff. Kamata sieht in der alles überlagernden Verpflichtung gegenüber den Ahnen eine Entsprechung zu Max Webers „Pietät gegenüber der Tradition", die jedoch in Japan stärker personengebunden sei. Ōtake spricht davon, daß es sich rechtlich zwar um ein „Patriarchat" handele, nicht aber tatsächlich, da Elternrecht das Hausherrnrecht brechen könne.

8 Ishii Ryōsuke (s. Anm. I, 7), S. 6 f.

9 Kamata Hiroshi (s. Anm. I, 6), S. 13 ff.

10 Inagaki Sugimoto Etsu: „Die Tochter der Samurai", Hamburg 1957, S. 67. Englische Ausgabe: „The daughters of the samurai", New York 1934.

11 Vgl. die englische Übersetzung in „Saiki Kōi and other Stories", Hrsg. D. Dilworth und Th. Rimer, Honolulu 1977, S. 65 f.

12 Die Autorschaft des „Onna daigaku" ist nicht gesichert. Da es inhaltlich Kaibara Ekkens „Wazoku dōjikun" im 5. Kapitel sehr stark verwandt ist, wird angenommen, daß die Schrift zumindest aus dem Kreis um Ekken stammt.

13 Übersetzung von Koike Kenji in „Monumenta Nipponica" II, 1939, S. 254–263.

14 Ebd., S. 259.

15 Ebd.; S. 262.

16 Ienaga Saburō: „Nihon dōtoku shisōshi", Tokyo 1977, S. 128.

17 Ebd.

18 Ackroyd, Joyce (s. Anm. I, 4), S. 60; dieses Thema ist von der zeitgenössischen Romanautorin Enchi Fumiko in ihrem Roman „Onnazaka" (Die Wartejahre, Reinbek 1985) verarbeitet worden.

19 Die ‚miyaza' sind Gruppen von traditionellen Familien, die für die religiösen Feste und Feiern verantwortlich waren. Da sich bei religiösen Anlässen die eigentlichen, überkommenen Hierarchien eines Dorfes symbolhaft manifestierten, spielen die ‚miyaza' für das Verständnis der politischen Kräfteverhältnisse eines Dorfes eine große Rolle.

20 Dieser Eingriff in das Erbsystem war mit der Absicht der Regierung verbunden, das Steuereinkommen zu sichern.

21 Diese Entwicklung setzte in Westjapan (kinki-Gebiet) Mitte bis Ende des 17. Jahrhunderts ein; im rückständigeren Nordosten erst im 18. Jahrhundert.

22 Ōtake Hideo, 1982 (s. Anm. I, 7), S. 296 f.

23 Im Volk trug der Hausvorstand die Bezeichnung ‚namaenin', was soviel heißt wie „namentlich Verantwortlicher" (wörtlich: Namensperson) und sich offensichtlich auf seine bürokratische Rolle bezog.

24 Zitiert bei Ōtake Hideo, 1977 (s. Anm. I, 7), S. 225.

25 u. a. Ōtake Hideo (s. Anm. I, 7).

26 ‚yokoza': Seitensitz, weil die Sitzkissen für diesen Sitz seitlich (yoko ni) plaziert wurden.

27 Ein unfähiger Erbe konnte jederzeit durch einen fähigeren, eventuell

auch nicht verwandten ersetzt werden. Zum Erbsystem auf dem Land s. Ōtake Hideo, 1982 (s. Anm. I, 7), und ders. in „Kōza kazoku" Bd. V, Kap. II ‚Sōzokuhō no rekishi' (Nihon), 1974, S. 30 ff.

28 Ōtake Hideo, 1982 (s. Anm. I, 7), S. 301.

29 Takizawa Matsuyo: ‚The Desintegration of the Old Family System (Feudal Japan)', in: Dalton G. (Hrsg.): „Tribal and Peasant Economics", New York 1967, S. 358.

30 Ōtake Hideo, 1977 (s. Anm. I, 7), S. 148 f.

31 Vgl. dazu die Studie von Takagi Tadashi, in der 500 Scheidungsbriefe untersucht wurden: „Mikudarihan-Edo no rikon to joseitachi", Tokyo 1987, sowie Shiba Keiko: „Edo jidai no onnatachi", Tokyo 1969, S. 208.

32 Ishii Ryōsuke: „Nihon Kon'inhō shi", Tokyo 1977, S. 77 f.

33 Vgl. das Kapitel ‚Engiri-dera – Tōkeiji no baai' in Ishii Ryōsuke (s. Anm. I, 7), sowie Takayanagi Shinzō: ‚Nihon no rikon to rikonhō', in: „Kōza Kazoku" Bd. IV.

34 ‚Onna Daigaku' in: „Monumenta Nipponica" II, 1939, S. 259.

35 „Sobald der Mann die Gegenstände der Aussteuer und die Mitgift der Frau zurückgegeben hat, steht es in seinem Belieben, sich von ihr scheiden zu lassen", lautete die Bestimmung im „Ritsuryō Yōryaku"; vgl. Ishii Ryōsuke (s. Anm. I, 7), S. 75.

36 Ebd., S. 362.

37 Kamata Hiroshi: ‚Edo-jidai rikonhō no saikentō', in: „Nihon hōseishi ronshū (Maki Kenji hakase beiju kinen)", Kyōto 1980, S. 363.

38 Wakamori Tarō: Kachōken shufuken no shūzoku, in: „Kōza Kazoku", Bd. II, Tokyo 1974, S. 153.

39 Takanashi Masayuki: „Nihon kon'inshi-ron", Tokyo 1976, S. 172.

40 Zitiert in „Tokugawa kinrei-kō", Zenshū, daigo, Hrsg. Ishii Ryōsuke, Tokyo, 1981, S. 160 f.

41 Wie Thomas C. Smith nachgewiesen hat, war das Töten von Säuglingen jedoch nicht auf die Schicht der armen Bauern beschränkt, sondern wurde auch in wohlhabenden Familien praktiziert, was auf eine bewußte Geburtenregelung der Mittel- und Oberschicht auf dem Land deutet. Th. C. Smith: „Nakahara – Family Farming and Population in a Japanese Village, 1717–1830", Stanford 1977.

42 Ienaga Saburō (s. Anm. I, 16), S. 166.

43 Ebd., S. 171 f.

44 Ienaga Saburō (s. Anm. I, 16), S. 173.

45 Dieses Anstellungsverfahren soll nach Sheldon noch bis in die 90er Jahre des letzten Jahrhunderts existiert haben. Charles David Sheldon: „The Rise of the Merchant Class in Tokugawa Japan 1600–1868", New York 1958.

46 Ihara Saikaku: „Seken mune zanyō", englische Übersetzung v. M. Takatsuka u. D. Dubbs: „This Scheming World", Vermont, Tokyo 1965, S. 57.

47 Ihara Saikaku: „Oridome"; englische Übersetzung v. Peter Nosco: „Some Final Words of Advice", Vermont, Tokyo 1980, S. 62 f.
48 s. die auszugsweise Übersetzung von Howard Hibbett, in: „The Floating World in Japanese Fiction", Vermont, Tokyo 1959, S. 105.
49 Aus dem Englischen aus: „Manners and Customs of the Japanese in the Ninteenth Century – from the accounts of Dutch residents in Japan and from the German work of Dr. Philipp Franz von Siebold," Vermont, Tokyo 1973 (First ed. 1841), S. 122 f.
50 ‚Even gods make mistakes sometimes' in: „This Scheming World" (s. Anm. I, 46).
51 Ihre Söhne begründeten das Haus Mitsui, einer der großen Konzerne heute. Sakurai Masanobu: „Shin-Nihon joseishi", Tokyo 1979, S. 270 ff.
52 Takizawa Matsuyo (s. Anm. I, 29), S. 360.
53 Das „Kogiroku" (1789) stellt eine Sammlung von Biographien der so ausgezeichneten Personen dar. Von 86014 Namen sind 1932 Frauennamen. Kasahara Kazuo: „Sekai no joseishi, XIX, Mezameyuku josei no aikan", Tokyo 1978, S. 57.
54 Eine neuere deutsche Übersetzung liegt in der Reihe „OAG aktuell" von Detlev Schauwecker vor: „Tod in Amijima – Ein bürgerliches Trauerspiel", Tokyo 1984.

II. Japans Entwicklung zum Industrie- und „Familienstaat" (1868–1945)

1 So konnte u. a. in der Rubrik ‚kiryu' (vorläufig abwesende Personen) eine Eintragung gemacht werden, wodurch einzelne, selbständige Haushalte der Wehrerfassung entgingen.
2 Ōtake Hideo: ‚Nihon kindaika shidōki no kazokuhō', in: „Kazokushi kenkyū" IV, Tokyo 1981, S. 21 ff.
3 Ōishi Shinzaburō: „Kinsei sonraku no kōzō to ie-seido", Kap. 8, ‚Chōheisei to ie', Tokyo 1968, S. 279 ff. Das Gesetz ist heute in seiner Bedeutung für das Verständnis von Familie in der Meiji-Zeit unter den Rechtshistorikern umstritten. Während die einen in den Ausnahmeregelungen das Bestreben der Regierung sehen, das alte ‚ie' mit der Ahnenverehrung im Mittelpunkt zu erhalten, leugnen dies andere mit dem Hinweis darauf, daß auch die Hausvorstände von Zweigfamilien oder „vorläufig Abwesende" (kiryū) von der Wehrpflicht ausgenommen waren.
4 Zitiert bei Ōtake Hideo (s. Anm. II, 2), S. 9.
5 Die Übertragung der Meldepflicht auf den Hausvorstand ist nach Ishii Ryōsuke in Zusammenhang zu sehen mit der Verkündung der „drei neuen Gesetze" (sanshinpō) zur Regionalverwaltung, Regionalbesteuerung und zu den Regionalparlamenten im selben Jahr, mit denen die Regierung die Vereinheitlichung gesetzlicher Maßnahmen auf

dem Land zu erreichen suchte. Ishii Ryōsuke: „Ie to koseki no rekishi“, Tokyo 1981, S. 8.

6 Ōtake Hideo (s. Anm. II, 2), S. 28.

7 Ebd.

8 Ebd., S. 26.

9 Ebd., S. 32.

10 Das Recht auf Verstoßung (riseki) geht auf ähnliche Bestimmungen der Edo-Zeit zurück, wonach Väter, ältere Brüder und nähere Verwandte befugt waren, ein Mitglied aus dem Haus zu verstoßen, um sich der Verantwortung für dessen Handeln zu entledigen; s. Ishii Ryōsuke: „Japanese Legislation in the Meiji-Era“, Centenary Culture Council Series, Tokyo 1958, S. 655. Nach einer Gesetzesrevision von 1941 brauchte der Hausvorstand für eine Verstoßung eine offizielle Genehmigung.

11 Der Hausvorstand hatte das Recht, den Familienrat einzuberufen, gegen seine Beschlüsse Einspruch zu erheben, vom Zusammenkommen des Familienrats einer Zweigfamilie unterrichtet zu werden und daran mit Rederecht teilzunehmen. Nicht zu unterschätzen ist auch sein Recht auf Einsetzung des Haupterben oder dessen Absetzung. Vgl. dazu Mori Minoru: ‚Koshu no kyosho shiteiken‘, in: „Minji hōgaku no shomondai“. Hrsg. Sōgō rōdō kenkyū sho. Tokyo 1977.

12 Während noch Anfang der Meiji-Zeit die Nebenfrau (mekake) als Verwandte zweiten Grades galt und somit der Ehefrau gleichgestellt war, wurde sie nun nicht mehr unter den Verwandten aufgeführt und war damit recht- und schutzlos. Faktisch gibt es die Nebenfrau (naisai) in Einzelfällen heute noch und damit auch das rechtliche Problem ihres sozialen Schutzes oder das ihrer Kinder.

13 Nach Ishii Ryōsuke (s. Anm. I, 32), S. 378–380, war das Tötungsrecht des Mannes noch in das „alte Bürgerliche Gesetzbuch“ unter Anleitung des Franzosen Boissonade aufgenommen worden, der sich dabei auf das napoleonische Recht stützte. Das einseitige Treuegebot wurde mit dem Kriminalrecht von 1908 abgeschafft. Vgl. auch Shiraishi Reiko: Nihon kindai kazokuhō to josei, in: „Shiriizu kazokushi 4. Ie to josei“, Tokyo 1989, S. 75.

14 Shibusawa K., Terry Ch.: „Japanese Life and Culture in the Meiji Era“, Tokyo 1958, S. 335.

15 Die zeitweilige Trennung eines Zweighauses vom Haupthaus hat es unter dem Begriff „tsūkin bekke“ schon Anfang des 19. Jhs. gegeben.

16 Arichi Tōru: „Kindai Nihon no kazokukan, Meijihen“, Tokyo 1977, S. 307 f.

17 Ebd., S. 305, f.

18 Kawamoto Akira: „Kindai bungaku ni okeru‚ie‘no kōzō“, Tokyo 1973, S. 25 ff.

19 Die Ausnahmeregelungen des Wehrpflichtgesetzes wurden so in Anspruch genommen, daß 1876 nur 18 Prozent der Wehrpflichtigen ein-

gezogen werden konnten. Um das Gesetz zu umgehen, wurden u. a. Kinderheiraten arrangiert oder zweite und dritte Söhne zur Adoption in andere Familien gegeben, wo sie dann als Erben geführt wurden. Vgl. Ōishi Sinzaburō (s. Anm. II, 3). Die Regierung reagierte auf den Mißbrauch mit wiederholten Gesetzesrevisionen, 1878 und 1883, und mit der Verbeamtung des Distriktleiters (kochō), um diesen so unter Kontrolle zu bekommen. 1889 schaffte man die Ausnahmeregelungen generell ab.

20 Ariga Kizaemon: „Nihon no kazoku", Tokyo 1965.

21 „Meijiki katei seikatsu no kenkyū". Hrsg. Chūbu katei keieigaku kenkyūkai, Tokyo 1972, S. 118.

22 Ebd., S. 127 f.

23 Ebd., S. 98 f.; Irene Taeuber: „The Population of Japan" Princeton 1958, S. 49; Arichi Toru (s. Anm. II, 16), S. 163.

24 Murakami Nobuhiko: „Meiji joseishi, jōkan". Tokyo 1969, S. 59.

25 Yokoyama Gennosuke: „Nihon no kasō shakai", Tokyo 1968, S. 49 ff.

26 Ebd., S. 50. Arichi Tōru (s. Anm. II, 16), S. 163.

27 Die Erzählung ist u. a. enthalten in: „Kafū zenshū Bd. 3, Amerika monogatari", Tokyo 1963, S. 168–176.

28 Murakami Nobuhiko: „Meiji joseishi, chūkan zenpen", Tokyo 1970, S. 300. Ähnliche Zeremonien schildert Ishimoto Shizue in ihrer Autobiographie „Facing Two Ways" aus dem Jahr 1935, Stanford 1984.

29 Murakami Nobuhiko (s. Anm. II, 28), S. 305.

30 Oshiomi Toshitaka: ‚Kindai bungaku ni okeru kazoku', in: „Kazoku – seisaku to hō", Tokyo 1976, S. 286.

31 Kawamoto Akira, (s. Anm. II, 18), S. 240.

32 Ebd., S. 283 f.

33 s. Übersetzung von Kenneth Strong: „Footprints in the snow", Tokyo 1970, S. 136.

34 Murakami Nobuhiko (s. Anm. II, 28), S. 328 ff.

35 Ebd., S. 342.

36 Arichi Tōru: „Nihon no oyako nihyakunen", Tokyo 1986, S. 53 ff.

37 Ōtake Hideo: „Hōken shakai no nōmin kazoku, kaiteiban", Tokyo 1982, S. 3.

38 Pyle, Kenneth: „The New Generation in Meiji Japan", Stanford 1969, S. 135.

39 s. Übersetzung von Segawa Seigle Cecilia: „The Family", Tokyo 1976. Auch heute noch kommt es vor, daß Söhne in ihre Familie auf dem Land zurückgerufen werden, um dort die Nachfolge anzutreten: „Asahi shinbun", 5. 1. 1988 unter „teema danwa shitsu – kazoku".

40 Hierzu gehört u. a. auch der Roman „Otto no jiyū" (Die Freiheit des Ehemannes) von Kinoshita Naoe.

41 Neuss, Margret: „Die Seitōsha – Der Ausgangspunkt der japanischen Frauenbewegung in seinen zeitgeschichtlichen und sozialen Bedingungen", in: *Oriens Extremus,* Hamburg, 18. Jg. 1971, Heft 1 und 2.

42 Matsumonto Sannosuke: Kokka shugi to ‚ie-ideorogii, in: „Kōza Kazoku“, Bd. 8, Tokyo 1974, S. 55.
43 Zitiert in: „Meijiki katei seikatsu no kenkyū“ (s. Anm. II, 21), S. 42.
44 „Jinjō shōgakkō shūshinsho“, Bd. 5, Jidōyō, Hrsg. Mombushō, 1913, S. 1 f.
45 Ishida Takeshi: „Meiji seiji shisōshi kenkyū,“ Tokyo 1954, S. 6 ff.
46 Matsumoto Sannosuke (s. Anm. II, 42), S. 59.
47 Arichi Tōru (s. Anm. II, 36), S. 84.
48 Ebd., S. 71 ff.
49 Ishida Takeshi: ‚Ie‘ oyobi katei no seijiteki kinō‘, in: „Kazoku – seisaku to hō“. Bd. 1, Tokyo 1975, S. 311 ff.
50 Mori Minoru (s. Anm. II, 11); Isono Seiichi und Isono Fujiko: „Kazoku seido“, Tokyo 1958, S. 46.
51 „Nihon fujin mondai shiryō shūsei“, Bd. 5, Kazoku seido, 1976, S. 28.
52 Arichi Tōru (s. Anm. II, 36), S. 138.
53 Yoshimi Kaneko (Hrsg.), „Nihon fashizumu to josei“, Tokyo 1977, S. 149.
54 Ebd.
55 Isono Seiichi (s. Anm. II, 50), S. 56.
56 Yoda Seiichi: Nihon fashizumu to kazoku seido in: „Shisō no kagaku“, Nr. 14 (Feb. 1982), S. 12.
57 Arichi Tōru (s. Anm. II, 36), S. 132 ff.
58 Yoshimi Kaneko, (s. Anm. II, 53), S. 244 ff.
59 Vgl. die detaillierte Darstellung der Familienpolitik während des Kriegs durch Toshitani Nobuyoshi: Senji taisei to kazoku – Kokka sōdōin teisei ni okeru kazoku seisaku to kazokuhō, in: „Kazoku – seisaku to hō“, Bd. 6, Tokyo 1984, S. 255 ff.
60 s. Havens, Thomas R.: Sensō to josei – 1941–45 nen no Nihon shakai no tenbō, in: „Nihon no fashizumu II, Sensō to kokumin“, Hrsg. Waseda daigaku shuppanbu, Tokyo 1974, S. 181.
61 Itagaki Ikuko: ‚Ie no hikari‘ ni miru nōson fujin – 1925–1945, in: „Onnatachi no kindai“, Hrsg. Kindai joseishi kenkyūkai, Tokyo 1978, S. 309 ff.
62 Zeugnis dafür sind die Erinnerungen von Frauen aus einem Dorf bei Hiroshima. In deutscher Übersetzung: „Der Blitz über dem Reisfeld, Witwen aus einem Dorf bei Hiroshima berichten“. Hrsg. Kanda Mikio, München 1985.

III. Die Familie im Nachkriegsjapan (1945 bis heute)

1 Yoshida Kazuko: Hikiage, in: „Josei no sengoshi“ I, Tokyo 1984, S. 3–10.
2 Miyazaki Reiko: Kakeibō, in: „Josei no sengoshi“ II, Tokyo 1985, S. 202; ebd., Ōhori Sueo: Onna ga akuseru wo funda toki, S. 272.

3 Arichi Tōru: „Nihon no oyako nihyakunen“, Tokyo 1986, S. 174 ff.; ein weiteres, in den Zeitungen viel besprochenes Thema der sozialen Not nach dem Krieg war der Verkauf der Töchter vom Land in die Stadt zur Prostitution. Noch 1954 sollen es 8600 Mädchen gewesen sein. S. Yūzawa Yasuhiko: Kazoku mondai no sengoshi, in: „Jūrisuto Tokushū 6 Gendai no kazoku“, Tokyo, April 1977, S. 41 ff.

4 „Sanseidō Shin roppō“, 1988, S. 11.

5 Toshitani Nobuyoshi: Family Policy and Family Law in Modern Japan, in: „Annals of the Institute of Social Science“, Tokyo 1980, No 21, S. 132.

6 Ebd., S. 155. Eine gesetzliche Einschränkung der Berufstätigkeit der Frau zugunsten der Haushaltsführung, wie sie in der BRD bis 1956 bestanden hat, gab es in Japan jedoch nie.

7 Ebd., S. 174.

8 Dokumentation innerhalb der Sendung „Ohayō jānaru“ des NHK-Fernsehens am 1. 6. 1988.

9 Kōseishō (Hrsg.): „Kōsei hakusho“, Tokyo 1988, S. 223. Seit 1984 liegt der Anteil am Staatshaushalt fast konstant bei 18,2 Prozent und nimmt heute (1988) den 3. Platz ein; s. Kōsei tōkei kyōkai: „Kokumin no fukushi no dōkō“ (Shōwa 63 nen) 3. Bd., Nr. 12, S. 57.

10 Yoda Seiichi: Sengō kazoku-seido kaikaku no rekishiteki seikaku, in: „Kazoku – Seisaku to hō“, Bd. 1, Tokyo 1975, S. 249. Angestellte bejahten die Abschaffung zu 62 Prozent, Studenten zu 78 Prozent und Arbeiter zu 58,7 Prozent.

11 Yoda Seiichi: Sengo kazoku-seido kaikaku to shinkazokukan no seiritsu, in: Tōkyō shakai kagaku kenkyūjo. (Hrsg.) „Sengo kaikaku, 1, kadai to shikaku“, Tokyo 1974, S. 289.

12 Maruoka Hideko: „Onna no isshō“, Tokyo 1953, S. 9 f.

13 Aoi Kazuo: Sengo Nihon no kazokukan no henyō, in: „Kōza kazoku“, Bd. 8, Tokyo 1974, S. 169.

14 Vgl. Ronald Dore: „Shinohata – A Portrait of a Japanese Village“, New York 1978.

15 Toshitani Nobuyoshi: Family Policy and Family Law in Modern Japan I, in: „Annals of the Institute of Social Science“, Tokyo 1979, No. 20, S. 114.

16 Vgl. Yūzawa Yasuhiko: „Zusetsu Gendai Nihon no kazoku mondai“, Tokyo 1987, S. 42–51; Saeki Kōji: Sengo no nōson shakai to nōka no ‚ie'-ishiki, in: Minji hōgaku no shomondai“, Tokyo 1977, S. 19 ff.

17 Ichijō Fumi: Sanchan nōgyō in: „Josei no sengoshi“ II, Tokyo, 1985, S. 182.

18 Noguchi Takenori: Mura no seikatsu to kazoku, in: „Jūrisuto tokushū 6“, S. 97–101.

19 Hasumi Otohiko: Rural Society in Postwar Japan, in: „Japan Foundation Newsletter“ Vol. XIII, No. 5, Febr. 1985.

20 NHK Seron chōsabu hen: „Gendai no kazokuzō“, Tokyo 1985, S. 12.

21 Yūzawa Y. (s. Anm. III, 16)., S. 2–11
22 Hiroshi Wagatsuma: Some Aspects of the Contemporary Japanese Family: Once Confucian, now Fatherless? In: „Daedalus", Spring 1977, S. 187.
23 Yūzawa Y. (s. Anm. III, 16), S. 12 f.
24 „Asahi"-Zeitung, 13. 6. 1987.
25 Yūzawa Y., (s. Anm. III, 16), S. 61.
26 Ebd., S. 83.
27 Ebd., S. 92.
28 Ebd., S. 95.
29 Ebd., S. 81.
30 „Asahi"-Zeitung, 9. 6. 1988.
31 Yūzawa Y., (s. Anm. III, 16), S. 120 f. und Asahi-Zeitung, 9. 6. 1988.
32 Yūzawa Y., (s. Anm. III, 16), S. 75.
33 Ebd., S. 79; Jinkō mondai shingikai hen: „Nihon no jinkō, Nihon no kazoku", Tokyo 1988, S. 102.
34 NHK „Gendai Nihon no kazokuzō", 1985, S. 64, und Fuse Akiko, Tamamizu Toshiaki: „Gendai no kazoku". Tokyo 1982, S. 71 f.
35 s. Anm. III, 33, S. 39–42.
36 Yamashita Kazutoshi: Divorce, Japanese Style, in: „Japan Quarterly", Oct.–Dec. 1986, Vol. XXXIII, No. 4.
37 „Nihon no jinkō, Nihon no kazoku", (s. Anm. III, 33), S. 81.
38 „Asahi"-Zeitung, 4. 1. 1989, S. 3.
39 „Nihon no jinko, Nihon no shakai" (wie Anm. 33), S. 143.
40 Yūzawa Y. (s. Anm. III, 16), S. 155.
41 „Nihon no jinko, Nihon no kazoku" (s. Anm. III, 33), S. 117.
42 Hashimoto Hiroko: Sengo kazoku seisaku no tenkai – rōjin fukushi seisaku wo chūshin ni, in: „Jūrisuto tokushū 6", 1977, S. 49 ff.
43 Watanabe Yōzō: Shihon-shugi shakai no kazoku – Nihon, in: „Kōza kazoku" Bd. 1, Tokyo 1974, S. 293.
44 s. Anm. III, 33, S. 114.
45 Hoshino Sumiko: Aru giji kazoku no seisei to hakai, in: „Gendai kazoku no kiki to saisei, 3, Rōjin to kazoku", Tokyo 1986, S. 94 ff.
46 Ebd., S. 65.
47 Ebd., S. 68; dies fällt zusammen mit einem anderen Untersuchungsergebnis, wonach sich 21,8 Prozent der alleinlebenden Alten einsam fühlen; aber auch die Alten, die bei ihren Kindern leben, gaben zu 20 Prozent ‚Einsamkeit' an. „Jūrisuto tokushū 6", 1977, S. 268.

Literaturverzeichnis

(Wenn nicht anders angegeben, ist der Erscheinungsort Tokyo.)

Ackroyd, Joyce: Women in Feudal Japan, in „Transactions of the Asiatic Society of Japan", VII (Nov. 1959) p. 31–68.

Aoi Kazuo: Sengo Nihon no kazokukan no henkan, in: Kōza kazoku", Bd. 8, 1974.

Aoyama Michio u. a. (Hrsg.). „Kōza kazoku", Bd. 1–8, 1973–74.

Arichi Tōru: Meiji minpō to ‚ie' no saihensei, in: „Kōza kazoku", Bd. 8, 1974.

–: Kindai Nihon ni okeru minshū no kazokukan, in: „Kazoku-seisaku to hō", Bd. 7 v. Fukushima Masao, 1974.

–: „Kindai Nihon no kazokukan, Meiji-hen", 1977.

–: „Nihon no oyako nihyakunen", 1986.

Ariga Kizaemon: „Nihon no kazoku", 1965.

Asahi jānaru (Hrsg.): „Onna no sengoshi", Bd. 1–3, 1984–85.

Chūbu katei keiei kenkyūkai (Hrsg.): „Meijiki katei seikatsu no kenkyū", 1972.

„Daten Report 3", Statistisches Bundesamt (Hrsg.), Stuttgart 1987.

Dore, Ronald: „Shinohata – A Portrait of a Japanese Village" New York 1978.

Emori Itsuo: „Nihon sonraku shakai no kōzō", 1976.

–: „Nihon no konin – sono rekishi to minzoku", 1986.

Fukuo Takeichirō: „Nihon kazoku seidoshi gaisetsu", 1975.

Fukushima Masao: „Nihon shihonshugi to ‚ie'seido" 1967.

– (Hrsg.): „Kazoku – seisaku to hō", Bd. 1–6, 1984.

–: Meiji igō no koseki seido no hattatsu, in: „Kazoku mondai to kazokuhō", VII, 1957.

Fuse Akiko, Tamamizu Toshiaki: „Gendai no kazoku", 1982.

Fuse Akiko: „Atarashii kazoku no sōzō", 1984.

Fuse Akiko, Shimizu Tamiko, Hashimoto Hiroko (Hrsg.): „Gendai kazoku no kiki to saisei" Bd. 1–3, 1986.

Hashimoto Hiroko: Sengo kazoku seisaku no tenkai – rōjin fukushi wo chūshin ni, in: „Jūrisuto, tokushū, 6, Gendai no kazoku" (April 1977).

Hasumi Otohiko: Nōgyō, nōsei no tenkai to nōka no henbō, in: „Jūrisuto tokushū, 6, Gendai no kazoku" (April 1977).

–: Rural society in Postwar Japan, in „Japan Foundation Newsletter", Vol. XIII, No. 5 (Febr. 1985).

Havens, Thomas R. H.: Sensō to josei – 1941–45 no Nihon shakai no

tenbō, in: „Nihon fashizumu II, Sensō to kokumin“ hg. v. Waseda daigaku shakai kagaku kenkyūjo, fashizumu kenkyūbukai, 1974.
X Hayami Akira: The Myth of Primogeniture and Impartable Inheritance in Tokugawa-Japan, in: „Journal of Family History“, Vol. VIII, No. 1 (Spring 1983).
„Hōgaku semināru – sōkan, 10, Nihon no kazoku“, 1979.
Hoshino Sumiko: Aru giji kazoku no seisei to hakai, in: „Gendai kazoku no kiki to saisei, 3, Rōjin to kazoku“, hg. v. Fuse Akiko u. a. 1986.
Ienaga Saburō: „Nihon dōtoku shisōshi“, 1977.
Inagaki-Sugimoto, Etsu: „Daughter of the samurais“, New York 1934.
Ishida Takeshi: „Meiji seiji shisōshi kenkyū“, 1954
–: ‚Ie‘ oyobi katei no seijiteki kinō, in: „Kazoku – seisaku to hō“ hg. v. Fukushima Masao, Bd. I, 1975.
Ishihara Ikuo: Sengo Nihon no kazoku ishiki – sono dōkō to kenkyūjō no mondaiten –, in: „Kazokushi kenkyū“, Bd. 6, hg. v. Kazokushi kenkyū henshū iinkai, 1982.
Ishii Ryōsuke: „Japanese Legislation in the Meiji Era“, 1958.
–: „Nihon no konin-hōshi“, 1977.
–: „Ie to koseki no rekishi“, 1981.
Ishikawa Toshio (Hrsg.): „Seisha to shisha“ (Shiriizu kazokushi I), 1988.
– (Hrsg.): „Ie to josei“ (Shiriizu kazokushi IV), 1989.
Ishimoto Shidzue (Baroness): „Facing Two Ways – The Story of my Life“, Stanford 1984 (Erstausgabe 1935).
Isono Seiichi, Isono Fujiko: „Kazoku seido“, 1958.
Jinkō mondai shingikai (Hrsg.): „Nihon no jinkō, Nihon no shakai“, 1988.
–: „Nihon no jinkō, Nihon no kazoku“ 1988.
Joseishi sōgō kenkyūkai (Hrsg.): „Nihon joseishi“, Bd. 1–5, 1982.
„Jūrisuto tokushū, 6, Gendai no kazoku“ (April 1977).
Kamata Hiroshi: Edo jidai rikonhō no saikentō, in: „Nihon hōseishi ronshū“, Festschrift für Maki Kenji, Kyoto 1980.
–: „Bakuhan taisei ni okeru bushi kazokuhō“, 1970.
Kamishima Jirō: „Nihonjin no kekkonkan“, 1969.
Kasahara Kazuo: Mezameyuku josei no aikan in: „Sekai no joseishi“ 19, 1978.
Kawamoto Akira: „Kindai bungaku ni okeru ‚ie‘ no kōzō“, 1973.
Kindai joseishi kenkyūkai (Hrsg.): „Onnatachi no kindai“, 1978.
Kitajima Masamoto: Edo-jidai no nōmin no ‚ie‘, in: „Kazoku seido no kenkyū“ hg. v. Nihon shakai gakkai, 1956.
Kazokushi kenkyū henshū iinkai (Hrsg.): „Kazokushi kenkyū“, Bd. 1–7, 1980–83.
Kōseishō (Hrsg.): „Kōsei hakusho“, 1988.
Kōsei tōkei kyōkai: „Kokumin no fukushi no dōkō“, 3. Bd., Nr. 12, 1988.
Kuroki Saburō (Hrsg.): „Ie no na, zoku no na, hito no na“ (Shiriizu kazokushi III), 1988.

Maruoka Hideko: „Onna no isshō", 1953.
Maruoka Hideko u.a. (Hrsg.): „Nihon fujin mondai shiryō shūsei" Bd. 1–10, 1980.
„Manners and Customs of the Japanese in the Nineteenth Century – from the Accounts of Dutch residents in Japan and from the German work of Dr. Philipp Franz von Siebold", Vermont and Tokyo 1973 (Erstausgabe 1841).
Matsumoto Sannosuke: Kokkashugi to ‚ie' ideorogii, in: „Kōza kazoku", Bd. 8, 1974.
Meguro Yoriko: Kazoku to josei – seiyakuwari no saikentō, in: „Yurēugoku gendai kazoku" hg. v. Seimei hoken bunka sentā, 1984.
Mochitsuki Takashi: Haigūsha sentaku no henkan, in: „Jūrisuto, tokushū, 6, Gendai no kazoku" (April 1977).
Mori Minoru: Koshu no kyosho shiteiken, in: „Minji hōgaku no shomondai", hg. v. Sōgō rōdō kenkyūsho, 1977.
–: Senzen kazokuhō hanrei no ippan, in: „Kazoku – seisaku to hō", Bd. 6, hg. v. Fukushima Masao 1984.
Mori Ōgai: „Saiki Kōi and other stories", ed. by David Dilworth and J. Thomas Rimer, Honolulu 1977.
Morioka Kiyomi: Kaku-kazoku no gendai ishiki, in: „Jūrisuto, tokushū, 6, Gendai no kazoku" (April 1977).
Murakami Nobuhiko: „Meiji joseishi", Bd. 1–4, 1969–1973.
Murakami Yasutake, Kumon Shunpei, Satō Seisaburō: „Bunmei toshite no ie-shakai", 1979.
Nakata Kaoru: „Tokugawa jidai no bungaku ni mietaru shihō", 1914.
Nakane Chie: „Kinship and Economic Organisation in Rural Japan", New York 1967.
Neuss, Margret: Die Seitōsha – Der Ausgangspunkt der japanischen Frauenbewegung in seinen zeitgeschichtlichen und sozialen Bedingungen, in: „Oriens Extremus", Hamburg, 18. Jg. 1971, Heft 1 u. 2.
NHK seron chōsabu (Hrsg.): „Gendai no kazokuzō", 1985.
Noguchi Takenori: Mura no seikatsu to kazoku, in: „Jūrisuto, tokushū, 6, Gendai no kazoku" (April 1977).
Ōguchi Yūjirō: Kinsei kōki ni okeru nōson kazoku no keitai, in: „Nihon joseishi" Bd. 3, 1982.
Ōishi Shinzaburō: „Kinsei sonraku kōzō to ie-seido", 1968.
–: Kinsei kazoku ni tsuite, in: „Kazokushi kenkyū", VI, 1982.
„Onna daigaku", übers. v. Koike Kenji in: „Monumenta Nipponica", II, 1939.
Oshiomi Toshitaka, Sakamoto Miyoko: Kindai nihon bungaku ni okeru kazoku, in: „Kazoku – seisaku to hō", Bd. VII, hg. v. Fukushima Masao, 1976.
Ōtake Hideo: „‚Ie' to josei no rekishi", 1977.
–: „Hōken shakai no nōmin kazoku", 1982 (rev. Auflage).
–: Sōzokuhō no rekishi, in: „Kōza kazoku", V, hg. v. Aoyama M. 1974.

– (Hrsg.): „Gisei sareta oyako“ (Shiriizu kazoku, II), 1988.
Ōtō Osamu: Mibun to shakai – mibunsei shihaika no ie to mura, in: „Kōza Nihon kinseishi“, 1980.
Pyle, Kenneth: „The New Generation in Meiji-Japan“, Stanford 1969.
Saeki Kōji: Sengo no nōson shakai to nōka no ‚ie‘ishiki, in: „Minji hōgaku no shomondai“, 1977.
Sakurai Masanobu: „Shin Nihon joseishi“, 1979.
Seimei hoken bunka sentā (Hrsg.): „Yure-ugoku gendai kazoku“, 1984.
Shiba Keiko: „Edo-jidai no onnatachi“, 1969.
Shibusawa K., Terry Ch.: „Japanese Life and Culture in the Meiji Era“, 1958.
Shimada Atsushi: Das Familiensystem, in: „Gesellschaft Japans“, hg. v. Ikuta Shimizu u. Yoshiro Tamanoi, Opladen 1971.
Shiraishi Reiko: Nihon kindai kazokuhō to josei, in: „Ie to josei“ (Shiriizu kazokushi, IV) hg. v. Ishikawa Toshio, 1989.
Smith, Thomas C.: „Nakahara – Family Farming and Population in a Japanese Village, 1717–1830“, Stanford 1977.
Taeuber, Irene: „The Population of Japan“, Princeton 1958.
Takagi Tadashi: „Mikudarihan – Edo no rikon to joseitachi“, 1987.
Takanashi Masayuki: „Nihon koninshi-ron“, 1976.
Takayanagi Shinzō: Nihon no rikon to rikonhō, in: „Kōza kazoku“ Bd. 4, hg. v. Aoyama Michio, 1974.
Takizawa Matsuyo: The Desintegration of the Old Family System, in: „Tribal and Peasant Economies“, ed. by G. Dalton, New York 1967.
Tamaki Hajime: Meiji minpō seitei igō no kazoku, in: „Kōza kazoku“, Bd. 1, hg. v. Aoyama Michio, 1973.
–: Nihon no kazoku, in: „Jūrisuto, tokushū, 6, Gendai no kazoku“ (April 1977).
Toshitani Nobuyoshi: ‚Ie-seido no kōzō to kinō, 1, 2, in: „Shakai kagaku kenkyū“, Bd. 13, Nr. 2, 3, 4, 1962.
–: Kazoku seido no riron to jissen, in: „Gendai no esupuri“ Nr. 5 (Jan. 1964).
–: Sengo no kazoku seisaku to kazokuhō, in: „Kazoku – seisaku to hō“, Bd. 1, hg. v. Fukushima Masao, 1975.
–: Meiji minpō ni okeru ‚ie‘ to sōzoku, in: „Shakai kagaku kenkyū“, Bd. 23, Nr. 1, 1971.
–: Senji taisei to kazoku, in: „Kazoku – seisaku to hō“, hg. v. Fukushima Masao, Bd. 6, 1984.
–: „Kazoku to kokka“, 1987.
(Vgl. auch die – zwar nicht wortgetreue – englische Fassung der Aufsätze aus „Shakai kagaku kenkyū“ in „Annals of the Institute of Social Science“ der Tokyo-Universität, Nr. 17, 18, 20, 21.
Uchiyama Katsumi: „Kinsei Nihon kyōiku bunkashi“, 1961.
Wagatsuma Hiroshi: Some Aspects of the Contemporary Family: once Confucian, now Fatherless? in: „Daedalus“ (Spring 1977).

Wakamori Tarō: Kachōken shufuken no shūzoku, in: „Kōza kazoku", Bd. II, hg. v. Aoyama Michio, 1974.
Wlosok, Antonie: Vater und Vatervorstellungen in der römischen Kultur, in: „Das Vaterbild im Abendland, I", hg. v. Tellenbach H., Stuttgart 1978.
Amane Tsuneo: Gendai Nihon ni okeru kazoku no shomondai, in: „Yureugoko gendai-kazoku", hg. v. Seimei hoken sentā, 1983.
Yamate Shigeru: Kazokukan no henyō to sedai no danzetsu, in: „Kōza kazoku" Bd. VIII, hg. v. Aoyama Michio, 1963.,
–: Mai homu shugi no keisei to tenkai, in: ebd.
–: Mai homu shugi – kazokuron, kateiron no henkan, in: „Jūrisuto tokushū, 6, Gendai no kazoku" (April 1977).
Yanagida Kunio: „Japanese Manners and Customs in the Meiji-Era", 1957.
Yoda Seiichi: Sengo kazoku seido kaikaku to shinkazokukan no seiritsu, in: „Sengo kaikaku, 1, kadai to shikaku", hg. v. Tokyo shakai kagaku kenkyūjo, 1974.
–: Sengo kazoku seido kaikaku no rekishiteki seikaku, in: „Kazoku – seisaku to hō", Bd. I, hg. v. Fukushima Masao, 1975.
–: Nihon fashizumu to kazoku seido, in: „Shisō no kagaku", Nr. 14, (Febr. 1982).
Yokoyama Gennosuke: „Nihon no kasō shakai", 1899 (Iwanami bunko, 1968).
Yoshimi Kaneko (hg.): „Nihon fashizumu to josei", 1977.
Yūzawa Yasuhiko: Kazoku mondai no sengoshi, in: „Jūrisuto tokushū 6, Gendai no kazoku" (April 1977).
–: Sengo kazoku no genjitsu to kazokuhō genshō no dōkō, in: „Kazoku – seisaku to hō" Bd. III, hg. v. Fukushima Masao, 1975.
–: Sengo Nihon kazoku chōsa sōran, in: ebd.
–: „Zusetsu gendai Nihon no kazoku mondai", 1987.

Bildquellenverzeichnis

Abb. 1–4: aus: Nakata Kaoru „Tokugawa bungaku ni mietaru shihō", Iwanami bunko, 1984.
Abb. 5, 9: Archiv der Autorin.
Abb. 6–8, 10: Süddeutscher Verlag, München.